Aufsatztraining für 4. bis 6. Klassen

Aufsatztraining für 4. bis 6. Klassen

Aufsatztraining für 4. bis 6. Klassen

Ein Lehrermanual mit Unterrichtsmaterialien zur Förderung von Schreibkompetenz und Arbeitsverhalten

von

Cornelia Glaser und Debora Palm

HOGREFE · GÖTTINGEN · BERN · WIEN · PARIS · OXFORD · PRAG
TORONTO · BOSTON · AMSTERDAM · KOPENHAGEN
STOCKHOLM · FLORENZ · HELSINKI

Prof. Dr. Cornelia Glaser, geb. 1976. 1996 bis 2002 Studium der Psychologie an der Universität Potsdam. 2005 Promotion. 2005 bis 2007 wissenschaftliche Mitarbeiterin an der Justus-Liebig-Universität Gießen. 2007 bis 2013 Juniorprofessorin für Pädagogisch-Psychologische Trainingsforschung an der Universität Gießen. Seit März 2013 Professorin für Pädagogische Psychologie an der Pädagogischen Hochschule Heidelberg. Forschungsschwerpunkte: Selbstreguliertes Lernen, Lern- und Verhaltensstörungen, Förderung kompetenten Schreibens.

Dr. Debora Palm, geb. 1984. 2004 bis 2009 Studium der Psychologie an der Justus-Liebig-Universität Gießen. 2013 Promotion. Seit 2009 wissenschaftliche Mitarbeiterin in der Abteilung für Pädagogische Psychologie an der Justus-Liebig-Universität Gießen. Forschungsschwerpunkte: Selbstreguliertes Schreiben, Aufmerksamkeitsstörungen.

Bibliografische Information der Deutschen Nationalbibliothek

Die Deutsche Nationalbibliothek verzeichnet diese Publikation in der Deutschen Nationalbibliografie; detaillierte bibliografische Daten sind im Internet über http://dnb.dnb.de abrufbar.

© 2014 Hogrefe Verlag GmbH & Co. KG
Göttingen · Bern · Wien · Paris · Oxford · Prag · Toronto · Boston
Amsterdam · Kopenhagen · Stockholm · Florenz · Helsinki
Merkelstraße 3, 37085 Göttingen

http://www.hogrefe.de
Aktuelle Informationen • Weitere Titel zum Thema • Ergänzende Materialien

Satz: ARThür, Grafik-Design & Kunst, Weimar
Umschlagabbildung: © Kzenon – Fotolia.com
Illustrationen: Klaus Gehrmann, Freiburg; www.klausgehrmann.de
Grafische Gestaltung der Arbeitsmaterialien: Jessica Drißler, M.Sc. Psychologie
Gesamtherstellung: Media-Print Informationstechnologie GmbH, Paderborn
Printed in Germany
Auf säurefreiem Papier gedruckt

ISBN 978-3-8017-2446-7

Vorwort

In Abgrenzung zu reinem Rechtschreiben wird Textproduktionskompetenz in den Bildungsstandards Deutsch für den Grundschulbereich (Bremerich-Vos, Granzer, Behrens & Köller, 2010) als die eigenständige Fähigkeit beschrieben, Texte oder Textteile so zu verfassen, dass sie zum Schreibanlass passen, verständlich sind und ansprechend auf den Leser wirken. Betrachtet man allerdings die Realität auf der Grundlage von Befunden zur Entwicklung kompetenten Schreibens, so fällt auf, dass es längst nicht allen Schülern bis zum Ende der Grundschulzeit gelingt, einen inhaltlich vollständigen, zusammenhängenden, gut verständlichen und stilistisch ansprechenden Text zu verfassen. Neben Defiziten, die sich primär im Schreibprodukt manifestieren, mangelt es Grundschülern häufig an schreibprozessbezogenen Teilkompetenzen, wie z. B. Textplanung und -überarbeitung, um Schreibaufgaben selbstständig, reflektiert und effektiv bewältigen zu können.

Mit dem vorliegenden Programm werden eben solche strategischen Fertigkeiten beim Schreiben gefördert. Die Schüler erlernen Strategien zum Planen und Schreiben von Geschichten. Darüber hinaus erwerben sie selbstregulatorische Techniken zur Überwachung, Steuerung und Optimierung des Strategieeinsatzes (Selbstbeobachtung, Zielsetzung, Selbstbewertung). Zusätzlich integriert das Programm ein Verstärkersystem, das der Verbesserung des aufgabenorientierten Verhaltens beim Schreiben dient. Das vorliegende Manual beruht auf der Vorstellung, dass die Fähigkeit eigene Texte zu produzieren, in einem zeitaufwändigen und zumeist anstrengenden Prozess reflektierenden Lernens erworben wird. Es soll Lehrkräften der Primarstufe und der frühen Sekundarstufe vielseitige Anregungen dafür bieten, mehr Unterrichtszeit für die Vermittlung effektiver Schreibstrategien zu verwenden. Eng verknüpft mit dieser Grundidee zeigt das Manual attraktive Möglichkeiten auf, um Schülern das Schreiben längerer Texte im Unterricht zu erleichtern.

Im Vergleich zu anderen Aufsatzprogrammen bietet das Manual vier wesentliche Vorzüge:
1. Durch das Programm werden *curricular valide* Inhalte vermittelt. Im Wesentlichen umfasst es genrespezifische Schreibstrategien, selbstregulatorische Techniken zur Selbstüberwachung und Steuerung des Schreibvorgangs sowie ein Verstärkersystem zur Verbesserung des Arbeitsverhaltens. Zudem wird strategisches Wissen über Schreibaufgaben aufgebaut und die Motivation zum Schreiben gefördert.
2. Das Programm hat sich in empirischen Studien als *wirksam* erwiesen. Viertklässler, die im Rahmen des regulären Aufsatzunterrichts mit diesem Programm trainiert wurden, verfassten nach der Förderung und auch sechs Wochen nach dem Ende des Trainings qualitativ anspruchsvollere Geschichten als Schüler, die in derselben Zeit ein alternatives Aufsatzprogramm durchlaufen oder den üblichen Deutschunterricht erhalten hatten. Am meisten profitierten Schüler, die nach dem Urteil ihrer Lehrerinnen aggressive und/oder hyperkinetische Verhaltensauffälligkeiten zeigten.
3. Das Programm ist *vielseitig* einsetzbar. Es kann in den Regelunterricht integriert werden, lässt sich aber auch gezielt für die Einzelförderung schreibschwacher Schüler, z. B. im Förderunterricht, verwenden. Der vorliegende Band stellt ein reichhaltiges Repertoire an Übungen zur Verfügung, inkl. der dafür erforderlichen Arbeitsblätter und Materialien, die je nach Bedarf in vielfältigen Situationen eingesetzt werden können.
4. Das Programm ist *praktikabel* und gut anzuwenden. Durch detaillierte Instruktionsanleitungen (einschließlich Durchführungszeiten und Arbeitsmaterialien) ermöglicht es das Manual, sich optimal auf die Umsetzung der Trainingsbausteine im Unterricht vorzubereiten. Alle Materialien liegen als PDF-Dokumente vor. Die beigefügte DVD enthält zudem Video-Sequenzen, die zentrale Abschnitte der Instruktion beispielhaft veranschaulichen.

Dennoch möchten wir darauf hinweisen, dass eine erfolgreiche Umsetzung des Programms nur dann gelingen kann, wenn ausreichend viel Zeit in die Vor- und Nachbereitung der Trainings- und Übungsbausteine investiert wird. In der Verantwortung der Lehrkraft liegt es auch, die Bearbeitungszeiten für die Trainings- und Übungsinhalte an das Leistungsniveau der jeweiligen Klasse oder einzelner Schulkinder anzupassen. Auf diese Weise kann das Manual einen wertvollen Beitrag dazu leisten, Schülerinnen und Schüler zu größeren Erfolgen in ihren Schreibbemühungen zu verhelfen.

Heidelberg & Gießen, im Frühjahr 2013   *Cornelia Glaser*
                                                                    Debora Palm

Inhaltsverzeichnis

1 Theoretischer Hintergrund

1.1 Definition von Schreibkompetenz

Textproduktionskompetenz wird hier, so wie dies auch die Bildungsstandards Deutsch für den Grundschulbereich (Bremerich-Vos, Granzer, Behrens & Köller, 2010; vgl. Richtlinien der KMK für das Fach Deutsch im Primarbereich, 2005) vorsehen, als eigenständiger Bereich der Schreibkompetenz in Abgrenzung vom „reinen" *Rechtschreiben* behandelt. Die Textproduktionskompetenz im Sinne der Fähigkeit, Texte oder Textteile zu verfassen, lässt sich über einen prozess- und einen produktbezogenen Zugang beschreiben.

Aus einer Sichtweise heraus, die sich primär am Prozess des Schreibens orientiert, ist eine erfolgreiche Textproduktion im Wesentlichen mit einer Planungs-, Formulierungs- und Überarbeitungskompetenz beim Schreiber assoziiert. Kompetente Schreiber verfügen demnach über solche Fähigkeiten, die es ihnen ermöglichen, ihre Texte vor dem Schreiben inhaltlich zu planen sowie konkrete Ziele und Standards zur Bewertung ihrer Texte festzulegen. Darüber hinaus sind kompetente Schreiber in der Lage, die Qualität des eigenen Schreibproduktes zu bewerten und durch den Einsatz effektiver Überarbeitungsstrategien zu verbessern (Graham, 2006b).

Daneben lässt sich Schreibkompetenz an zentralen Eigenschaften des Textproduktes (z. B. Strukturiertheit, Verständlichkeit und Leserbezogenheit) bemessen. In diesem Sinne ist Schreibkompetenz vor allem mit der Fähigkeit assoziiert, textsortenadäquate Formulierungs- und Gestaltungsoptionen (lexikalische und syntaktische Mittel) auszuwählen und einzusetzen sowie eine dem Schreibauftrag oder der Schreibintention angemessene inhaltliche und formale Strukturierung zu realisieren (vgl. Baurmann & Pohl, 2010).

1.2 Schreibkompetenz im Grundschulalter

Hinweise darauf, wie die Schreibkompetenz bei Grundschülern einzuschätzen ist, lieferten US-amerikanische Schulleistungsstudien wie die „National Assessment of Educational Progress Study" (NAEP Studie; Persky, Daane & Jin, 2003). In dieser Studie erfüllten nur 28 % aller untersuchten Viertklässler die Standards kompetenten Schreibens (s. Tab. 1). Anders ausgedrückt gelang es 72 % nicht hinreichend, die erwarteten Kriterien textsortenfunktionalen Schreibens in ihren Aufsätzen zu realisieren. Überdies zeigten 14 % aller Viertklässler Schreibleistungen unterhalb des Basisniveaus (s. Tab. 1) und waren demnach gar nicht in der Lage, sprachliche und syntaktische Mittel so akkurat einzusetzen, dass sie eine der Schreibaufgabe angemessene Kommunikationsabsicht in ihren Texten realisierten.

Tabelle 1: Stufenmodell der Schreibkompetenz bei Viertklässlern (übersetzt aus Persky, Daane & Jin, 2003)

Basisniveau
• In Grundzügen organisierte und detaillierte Bearbeitung einer Schreibaufgabe in einer vorgegebenen Zeitspanne • Grundsätzliches Verständnis der Schreibaufgabe sowie ausreichende grammatikalische und orthographische Fertigkeiten
Kompetentes Schreiben
• Kriterien basalen Schreibens plus Leserbezogenheit • Textsortenfunktionaler Einsatz inhaltlich-struktureller sowie sprachlich-syntaktischer Mittel
Fortgeschrittenes Schreiben
• Kriterien kompetenten Schreibens plus Kohärenz und Kohäsion • Analytisch durchdachte und kreativ ausgestaltete Handlung sowie elaborierte Auswahl von Syntax und Wortschatz

In Deutschland liegen bislang keine vergleichbar aussagekräftigen Daten zur Entwicklung der Schreibkompetenz von Grundschülern vor. Richtungweisend sind dennoch die Befunde qualitativer Analysen von Schülertexten. Eine längsschnittliche Studie von Augst und Kollegen (Augst, Disselhoff, Henrich, Pohl & Völzing,

2007) untersuchte das Korpus von 39 Schülern, die in der zweiten, dritten und vierten Klasse Aufsätze in fünf Textsorten (Erzählung, Bericht, Anleitung, Beschreibung und Argumentation) verfassten. Die Studie zeigte, dass Textproduktionskompetenz für die verschiedenen Textsorten relativ unabhängig voneinander in vier aufeinanderfolgenden Entwicklungsstadien erworben wird, die vom *assoziativen Schreiben* (Schreiben, was spontan einfällt) bis zum *textsortenfunktionalen Schreiben* (Realisieren textsortenspezifischer Eigenschaften) reichen. Eine ernüchternde Erkenntnis dieser Studie war allerdings, dass nur die Hälfte aller Viertklässler selbst in den Erzähltexten entsprechende textsortenfunktionale Merkmale angemessen realisierte (vgl. Baurmann & Pohl, 2010).

Neben solchen Defiziten, die sich primär am Schreibprodukt manifestieren, mangelt es Schreibanfängern häufig auch an den erforderlichen prozessbezogenen Teilkompetenzen, um Schreibaufgaben selbstständig, reflektiert und effektiv bewältigen zu können (Graham & Harris, 2003). Kennzeichnend für das Vorgehen von Grundschülern ist vielmehr, dass steuernde und überwachende Aktivitäten, wie Zielsetzung, Planung, Bewertung und Korrektur, falls überhaupt, nur unvollständig oder mit geringem Wirkungsgrad ausgeführt werden. Entsprechend bleiben ihre Versuche, Schreibprodukte zu verbessern, bruchstückhaft. Revidieren beschränkt sich beispielsweise dann primär auf die Oberflächenstruktur (Orthographie), umfasst aber nicht die Tiefenstruktur (Bedeutungsgehalt) eines Textentwurfs. Mitunter erfolgt die Revision so unsystematisch, dass sie die Qualität eines Textes eher noch verschlechtert statt sie zu verbessern.

1.3 Schreibinstruktion im Grundschulunterricht

Ein möglicher Zugang, um mehr darüber zu erfahren, wie Schreibunterricht von Lehrkräften im Schulunterricht gestaltet wird, sind Befragungsstudien. In einer solchen US-amerikanischen Interviewstudie fanden Graham und Kollegen (vgl. Cutler & Graham, 2008; Gilbert & Graham, 2010) beispielsweise heraus, dass Lehrkräfte der Primarstufe und der frühen Sekundarstufe insgesamt nur wenig Unterrichtszeit für die Vermittlung effektiver Schreibstrategien verwenden und ihren Schülern nur selten die Möglichkeit einräumen, im Unterricht längere Texte eigenständig zu verfassen.

Die Lehrkräfte berichteten zudem, dass sie über kein Lehrkonzept zur systematischen Förderung strategischen Schreibens verfügen. Darüber hinaus gaben sie an, dass es ihnen an Standards mangelt, um ihren Schülern individualisiertes Feedback insbesondere zu Planungs- und Revisionsleistungen aber auch zur Textqualität geben zu können. Schließlich berichtete ein großer Teil der Lehrkräfte, dass sie sich unzureichend auf die Anforderung vorbereitet fühlen, Schüler mit besonderem Förderbedarf (z. B. Schüler mit Lern- und Verhaltensauffälligkeiten) in der Entwicklung von Schreibkompetenz zu unterstützen.

Solche ernüchternden Befunde zur Unterrichtsrealität stehen im Widerspruch zu einer Vielzahl von (auch deutschsprachigen) Überblicksarbeiten, die Auskunft darüber geben, welche Methoden Lehrkräfte einsetzen können, um die Schreibkompetenz ihrer Schüler nachhaltig zu verbessern (z. B. Baurmann & Pohl, 2010, Philipp, 2012). Diese Arbeiten konvergieren in der Ansicht, dass kompetenzorientierter Schreibunterricht Schüler dazu befähigt, ihr Material durchdacht zu planen, niederzuschreiben und zu überarbeiten. Lehrkräfte sollten danach vor allem die beiden folgenden Unterrichtsziele verfolgen:

- Vermittlung einer begrenzten Zahl von Schreibstrategien, einschl. des zugehörigen genre-spezifischen Aufgabenwissens;
- Einüben selbstregulatorischer Prozeduren, wie die Setzung von Schreibzielen oder die Protokollierung von Schreibergebnissen, sodass Schüler ihr strategisches Vorgehen selbst steuern, überwachen und bewerten können.

Darüber hinaus kommt der Lehrkraft eine besondere Bedeutung für die Vermittlung strategischer Schreibfertigkeiten zu. Diese beginnt typischerweise mit der kognitiven Modellierung des Zielverhaltens, einschl. der Bewältigung potenzieller Schwierigkeiten, schreitet über Phasen des angeleiteten und kooperativen Übens voran und mündet in die selbstständige Ausführung von Schreibaufgaben durch die Schüler ein (nach Glaser, Keßler & Palm, 2011, S. 12/13).

1.4 Evidenz-basierte Schreibförderung

Im angloamerikanischen Sprachraum existiert mittlerweile eine Reihe von Schreibprogrammen, die darauf abzielen, Schülern ein planvolles, strategisches und reflektierendes Vorgehen beim Schreiben zu vermitteln (vgl. Harris, Graham, Mason & Friedlander, 2008). Die Mehrzahl dieser Förderansätze beinhaltet im Kern die Vermittlung textsortenspezifischer Strategien, die es Schülern erleichtern sollen, den Planungsprozess zu strukturieren, Schreibideen zielgerichtet zu generieren und schließlich in einem Schreibplan zu organisieren. Zusätzlich werden textsortenspezifische Kriterien zur Bewertung der Aufsatzqualität vermittelt, auf deren Grundlage mit den Schülern schrittweise Kontroll- und Überarbeitungstechniken eingeübt werden. Darüber hinaus erlernen die Schüler (metakognitive) Praktiken, die die Steuerung und Überwachung von Schreibprozessen erleichtern und so eine selbstständige Bearbeitung von Schreibaufgaben ermöglichen sollen. Schließlich werden mit den Schülern Methoden zum Setzen schreibbezogener Ziele und Selbstwirksamkeitserwartungen eingeübt, die den Aufbau der Schreibmotivation fördern sollen.

Nach den vorgenannten Prinzipien entwickelten Graham und Harris (2000, 2003) ein als *Self-Regulated Strategy Development Model* (SRSD) bezeichnetes Interventionsprogramm, in dem Prozeduren der Selbstregulation mit dem Aufbau von Fertigkeiten der Textkomposition verknüpft werden. In mehreren SRSD-Studien wurde die so genannte „Story Grammar Strategy" als Planungsstrategie zum Schreiben von Geschichten eingesetzt. Sie beinhaltet alle Teile, die von Stein und Glenn (1979) als die Kernelemente erzählender Texte identifiziert wurden: Hauptperson, Handlungsort, Zeit, handlungsauslösendes Element, Ziel, Handlung, Ende der Geschichte und Reaktion der Person(en). Zur Anregung von Überwachungs- und Steuerungsprozessen integriert das Programm Methoden zur Zielsetzung (Setzen ergebnis- und prozessbezogener Ziele), Selbstbeobachtung (Anfertigen individueller Schreibprotokolle) sowie Selbstkontrolle (kriterienorientierte Überprüfung) und -bewertung (Abgleich mit dem Zielkriterium).

Die Strategien und Praktiken werden in einem 6-stufigen Instruktionsprozess eingeübt: Aktivieren von Hintergrundwissen; gemeinsame Diskussionen und Schreibkonferenzen; kognitive Modellierung des Zielverhaltens; Strategieeinprägung unter Verwendung von Abrufhilfen (Merkwörter); angeleitetes und selbstständiges Üben. In einer Vielzahl empirischer Studien konnten Graham und Kollegen nachweisen (Graham, 2006a; Graham &

Harris, 2003; Graham, McKeown, Kiuhare & Harris, 2012; Graham & Perin, 2007; Rogers & Graham, 2008), dass SRSD die Schreibleistungen von Schülern am Ende der Grundschulzeit sowie in der Sekundarstufe I bedeutsam verbessern kann.

In einer der wenigen SRSD-Studien mit verhaltensauffälligen Schülern (Lane, Harris, Graham, Weisenbach, Brindle & Morphy, 2008) wurde die „Story Grammar Strategy" in Kombination mit Methoden zur Zielsetzung, Selbstbeobachtung sowie Selbstkontrolle und -bewertung eingesetzt. Die Ergebnisse der Studie zeigten, dass SRSD die Schreibleistungen der 6 untersuchten verhaltensauffälligen Schüler steigerte. Die Einschätzung der Wirksamkeit von SRSD für verhaltensschwierige Schüler ist dennoch erschwert, da zugehörige Studien ausschließlich den Charakter von Lerntherapien (mit sehr wenigen Schülern) besitzen. Zudem wurde bislang nicht untersucht, ob ein Schreibstrategietraining auch zu einer Verbesserung von Verhaltensproblemen betreffender Schüler beitragen kann.

Bekannt ist hierzu, dass aggressiv-hyperkinetische Schüler von unterrichtsintegrierten Verstärker- bzw. Verstärker- Entzug-Systemen zur Verbesserung des Lern- und Arbeitsverhaltens in ihren regulären Schulklassen profitieren (vgl. „Good Behaviour Game", Barrish, Saunders & Wolf, 1969). Darüber hinaus konnte gezeigt werden, dass Schüler mit externalisierenden Verhaltensauffälligkeiten besonders dann nachhaltige Erfolge bei der Förderung kognitiver Kompetenzen (z. B. Schreiben) zeigen, wenn in die bestehenden Programme Belohnungssysteme zur Verbesserung des Lern- und Arbeitsverhaltens integriert werden (Bradshaw, Zmuda, Kellam & Ialongo, 2009). Für das SRSD Programm wurde der systematische Einsatz integrierter Verstärkersysteme zur Förderung strategischen Schreibens bislang allerdings noch nicht geprüft.

1.5 Eigene Vorarbeiten

Auf der Grundlage des SRSD-Modells entwickelte Glaser (2005) ein „Selbstregulatorisches Aufsatztraining" für deutsche Schüler, in dem Strategien zum Planen und Überarbeiten narrativer Texte mit selbstregulatorischen Prozeduren (Selbstüberwachung, Selbstkorrektur, Selbstbewertung und Zielsetzung) kombiniert werden. Die Instruktionsverfahren lehnen sich an das Vorgehen von Graham und Harris an (s. Tab. 2).

Tabelle 2: Instruktionsprinzipien und Vorgehensweisen zur Vermittlung von Schreibstrategien
(nach Glaser & Brunstein, 2008, S. 377)

Explizite Instruktion	Die Trainerin erklärt die Strategien an einem Beispiel und erläutert, wann und warum die Strategien sinnvoll einzusetzen sind. Im Dialog mit den Schülern erläutert sie die Nützlichkeit von Schreibstrategien sowie deren Anwendungsmöglichkeiten und Grenzen.
Kognitives Modellieren	Die Trainerin illustriert das Vorgehen, indem sie selbst einen Aufsatztext plant, schreibt und überarbeitet. Sie zeigt, wie sie Schwierigkeiten durch den Einsatz von Strategien meistern kann. Dabei verwendet sie Merkkarten und Hilfsmittel, die später den Schülern den Abruf der Strategien erleichtern sollen. In jeder Phase verbalisiert sie ihre handlungsbegleitenden Gedanken und diskutiert ihr Vorgehen gemeinsam mit den Schülern.
Reflektierte Praxis	Die Schüler übernehmen schrittweise das Vorgehen der Trainerin. Individuelle Lernfortschritte werden kontinuierlich zurückgemeldet. Das Ausmaß der Anleitung wird auf die Vorkenntnisse und Lernbedürfnisse der Schüler abgestimmt. Mit zunehmender Beherrschung der jeweiligen Fertigkeit wird die Unterstützung sukzessive ausgeblendet.
Kooperatives Lernen	Zum Aufbau und zur Festigung des Strategieeinsatzes werden kooperative Lernformen eingesetzt. Beispielsweise lesen sich die Schüler ihre Aufsätze gegenseitig in 2er-Teams vor, diskutieren sie gemeinsam im Hinblick auf die Bewertungskriterien und überlegen sich Verbesserungsmöglichkeiten.

Insgesamt wurde das Programm bislang mit ca. 700 Viertklässlern durchgeführt. In zugehörigen Interventionsstudien (Brunstein & Glaser, 2011; Glaser & Brunstein, 2007a, 2007b; Glaser, Keßler & Brunstein, 2009; Glaser, Keßler, Palm & Brunstein, 2010) verglichen wir jeweils Schüler, die das selbstregulatorische Aufsatztraining durchlaufen hatten (SAT-Schüler), mit Schülern, die in demselben Zeitraum ein alternatives Aufsatztraining (konventionelle Schreibübungen) erhalten hatten. Alle teilnehmenden Schüler wurden in der Regel von ausgebildeten Trainerinnen in Kleingruppen (4–6 Schüler) angeleitet. Im Einzelnen lassen sich die Befunde unserer bisherigen Arbeiten wie folgt zusammenfassen: (a) SAT-Schüler verfassten nach dem Training inhaltlich vollständigere und sprachlich stilvollere Aufsätze; (b) SAT-Schüler schätzten ihre schreibbezogenen Fähigkeiten nach dem Training höher ein; (c) SAT-Schüler fertigten nach dem Training vollständigere Schreibpläne an und nahmen qualitativ anspruchsvollere Revisionen an ihren Textentwürfen vor; (d) Die Trainingseffekte blieben über einen Zeitraum von 5 Wochen, in dem die Schüler keine explizite Schreibinstruktion erhielten, stabil.

Um eine störungsfreie Organisation und ein besseres Management von Lernzeit im Klassenkontext zu ermöglichen und darüber hinaus die Bedürfnisse von Schülern mit ungünstigen Lern- und Leistungsvoraussetzungen stärker zu berücksichtigen, integrierten Glaser, Palm und Brunstein (2010) in das bestehende SAT-Programm ein „Verstärker-System" zur Verbesserung des Arbeitsverhaltens (SAT-PLUS-Programm; s. Abb. 1). Im Wesentlichen wurden mit den Schülern Verhaltensregeln vereinbart, die sie darin unterstützen sollten, sich nachhaltiger auf die Schreibaufgabe zu konzentrieren (z. B. „Schreibzeit effektiv nutzen"; „Hilfsmittel richtig nutzen"). In Weiterentwicklungen wurde eine weitere Regel hinzugefügt, die speziell bei kooperativen Schreibaufträgen geltend gemacht werden sollte („Hilfe geben und Unterstützung anbieten"). Der Erwerb der 3 Regeln wurde durch ein „Belohnungssystem" unterstützt. Dabei wurden die Schüler im Anschluss an jede Schreibsituation mit maximal 6 Smileys belohnt, wenn es ihnen besonders gut gelungen war, die vereinbarten Verhaltensregeln umzusetzen bzw. Regelverstöße zu vermeiden. Nach Abschluss des Programms erhielten die Schüler die Gelegenheit, ihre gesammelten Smileys gegen materielle Verstärker einzutauschen.

Die Ergebnisse zweier Studien, in denen das SAT-PLUS-Programm von geschulten Lerntrainerinnen in regulären vierten Klassen durchgeführt worden war, zeigten, dass die Schüler, die von

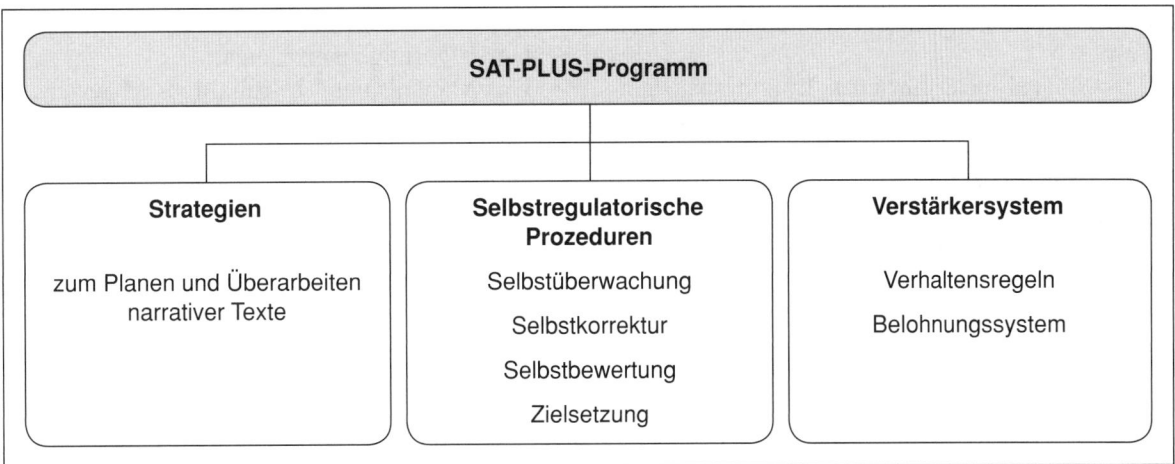

Abbildung 1: Komponenten des SAT-PLUS-Programms

ihren Lehrkräften als aggressiv-hyperkinetisch eingeschätzt worden waren, mit Hinblick auf die Schreibleistung und das Arbeitsverhalten besonders von der Intervention profitierten (s. Kap. 8.2).

1.6 Implementierung und Verbreitung

Nach unserer Einschätzung besteht nach wie vor ein Mangel an Studien, in denen empirisch bewährte Vorgehensweisen durch die Lehrkräfte selbst im Regelunterricht implementiert wurden. Solche Forschung wäre erforderlich, um eine curriculare Einbettung empirisch bewährter Förderprogramme vorzubereiten und fortwährend zu realisieren. Aus pädagogisch-psychologischen Überblicksarbeiten (Graham, Harris & Zito, 2005) lassen sich die folgenden Leitlinien zur erfolgreichen Implementierung und Verbreitung evidenzbasierter schulischer Interventionsmaßnahmen extrahieren:
- Konzeption von Lehrermanualen, inkl. Schulungen zur Vorbereitung der Lehrkräfte;
- Einbindung der Lehrkräfte in die Konzeption und Entwicklung von Lernmaterial, Instruktionen und Prozeduren;
- Stärkung der „Compliance" und Selbstwirksamkeitserwartungen auf Seiten der Lehrkräfte;
- Durchführung von Anpassungen am Programm, die die organisatorischen Rahmenbedingungen und Strukturen betreffen;
- Spezifikation von Zielgruppe und Voraussetzungen (Generalisierbarkeit) zur Umsetzung des Programms.

Obgleich auch in den zugehörigen Arbeiten zur Förderung selbstregulierten Schreibens ganz überwiegend eigens geschulte Lerntrainerinnen eingesetzt wurden, können Praktikabilität und Nutzen dieses Ansatzes im regulären Schulunterricht positiv eingeschätzt werden. Diese Auffassung begründet sich wie folgt:
- Die Lehrkräfte, in deren Klassen wir das Programm umsetzten, schätzten die soziale Validität des Programms (Praktikabilität, Effektivität und Nutzen) ganz überwiegend sehr gut ein (s. Kapitel 8.1).
- Im Dialog mit den Lehrkräften erfragten wir kontinuierlich Vorschläge zur Verbesserung der Anwendbarkeit des Programms (Anpassungen bezüglich der Materialien, Durchführungsdauer und Instruktionen) und berücksichtigten diese bei den Weiterentwicklungen des Ansatzes.
- Fremdeinschätzungen, die von unabhängigen Beobachterinnen während der Implementierung zur Instruktionsqualität der Lerntrainerinnen abgegeben wurden, ergaben in aller Regel, dass sich das Programm vollständig und genau umsetzen lässt. Nach einer entsprechenden Schulung (ca. 120 Minuten je Trainingseinheit) zeigten die Lerntrainerinnen übereinstimmend eine ausgesprochen hohe Implementierungsgenauigkeit und Instruktionsqualität.

Auf dieser Grundlage haben wir zwei Lehrermanuale (vgl. Glaser, Keßler & Palm, 2011) speziell zur Anwendung im Regelunterricht (ggf. Förderunterricht) ausgearbeitet. Damit verfolgten wir das Ziel, Lehrkräfte bestmöglich auf die Durchführung des Programms vorzubereiten. Bei der Konzeption des vorliegenden Bandes haben wir

diesbezüglich eine Reihe von Maßnahmen vorgesehen:

- Das Manual bietet für jeden Trainingsbaustein hilfreiche Hinweise zur Planung und Vorbereitung der Umsetzung der Programminhalte. Diese beinhalten Angaben zu Durchführungszeiten, Einschätzungen zur Schwierigkeit einzelner Instruktionsabschnitte sowie organisatorische Aspekte der Gestaltung der Trainingssituation.
- Das Manual umfasst detaillierte Instruktionen zur Umsetzung der Trainingsinhalte sowie kompaktes Anschauungsmaterial (Videosequenzen) zum Vorgehen bei der Vermittlung wesentlicher Instruktionsinhalte.
- Das Manual stellt eine komplette Materialiensammlung bereit, inkl. detaillierter Anweisungen zum Gebrauch dieser.
- Das Manual räumt größtmögliche Freiheitsgrade bezüglich der vorgesehenen Durchführungsmodalitäten (Zeiten, Lernformen, Übungen) ein. Es werden zahlreiche Anregungen gegeben, um ein hohes Maß an Individualisierung und Förderungsorientierung bei der Durchführung zu erreichen.
- Das Manual bietet reichhaltiges Material zur Vertiefung des vermittelten Wissens sowie zur Vernetzung der vorgesehenen Trainingsinhalte mit anliegenden schulischen Lerninhalten.

Schließlich wäre es wünschenswert, Lehrkräfte bei Bedarf in einem von uns eigens konzipierten Workshop[1] auf die Programmumsetzung vorzubereiten. In solchen Schulungen könnte ein konstruktiver Austausch zwischen Lehrkräften und Forschern angebahnt und möglichst während der Programmimplementierung und darüber hinaus verstetigt werden. Für eine stärkere Verbreitung wissenschaftlich fundierter Maßnahmen der Schreibförderung im Grundschulunterricht wäre dies eine notwendige Voraussetzung.

---

[1] Bei Interesse nehmen Sie bitte Kontakt mit einer der Autorinnen auf (Cornelia.Glaser@ph-heidelberg.de; Debora.Palm@psychol.uni-giessen.de).

2 Konzeption

2.1 Zielgruppe und Aufbau

Das Manual beinhaltet strukturierte Unterrichtseinheiten zum Geschichtenschreiben, die zur Umsetzung durch die Lehrkraft im Regelunterricht konzipiert wurden. Das Programm kann darüber hinaus in kooperativen Kleingruppen (4–6 Schüler) bzw. als individuelle Lerntherapie im Rahmen des Förderunterrichts eingesetzt werden. Die Trainingsinhalte und -materialien sind für Schüler der 4. bis 6. Klasse geeignet. Als Maßnahme zur Individualisierung können die Instruktionszeiten (s. Kap. 3–6) an das Leistungsniveau der Schüler angepasst werden. Darüber hinaus können die Übungsaufgaben (s. Kap. 7) sowohl in individuellen als auch in tutoriellen oder kooperativen Arbeitsformen durchgeführt werden.

Abbildung 2 stellt schematisch den Aufbau des Programms dar. Im Kern beinhaltet das Training vier Bausteine, die inhaltlich aufeinander aufbauen und daher in der vorgesehenen Reihenfolge durchgeführt werden sollten. Der erste Trainingsbaustein konzentriert sich auf die Vermittlung grundlegenden Wissens zum Geschichtenschreiben. Im zweiten Trainingsbaustein wird dieses Wissen vertieft und eine Technik zur schreibbezogenen Zielsetzung und Selbstbewertung eingeführt. Der dritte Trainingsbaustein beinhaltet die

Vermittlung einer Strategie zum Planen einer Geschichte sowie eine Technik zur Überwachung der korrekten Anwendung dieser Strategie. In dem vierten Trainingsbaustein wird eine Strategie zur Kontrolle und Verbesserung einer Geschichte eingeführt sowie eine Technik zur Selbstüberwachung beim Überarbeiten vermittelt.

Wie Abbildung 2 zeigt, besteht jeder Trainingsbaustein aus vier Komponenten. Den Kern bilden die Arbeitsschritte, in denen die Lehrkraft neue Trainingsinhalte einführt sowie die Schüler darin anleitet, die neuen Trainingsinhalte selbstständig einzuüben. Für die Einführung und das Einüben neuer Trainingsinhalte sollten vier Schulstunden eingeplant werden. Die Lehrkraft sollte die Durchführungszeiten für die einzelnen Bestandteile individuell festlegen. Im Manual finden sich hierfür Richtlinien zur zeitlichen Orientierung. Bei jüngeren oder leistungsschwächeren Schülern sollte die Lehrkraft einzelne Instruktionsschritte mehrfach wiederholen, bevor die Schüler diese Arbeitsschritte selbstständig einüben.

Zum Abschluss jedes Trainingsbausteins sollte die Lehrkraft rekursive Wiederholungs- und Übungsphasen zur Konsolidierung der Lerninhalte (s. Kap. 7) einplanen. Es ist auch problemlos möglich, einzelne aufeinander folgende Ar-

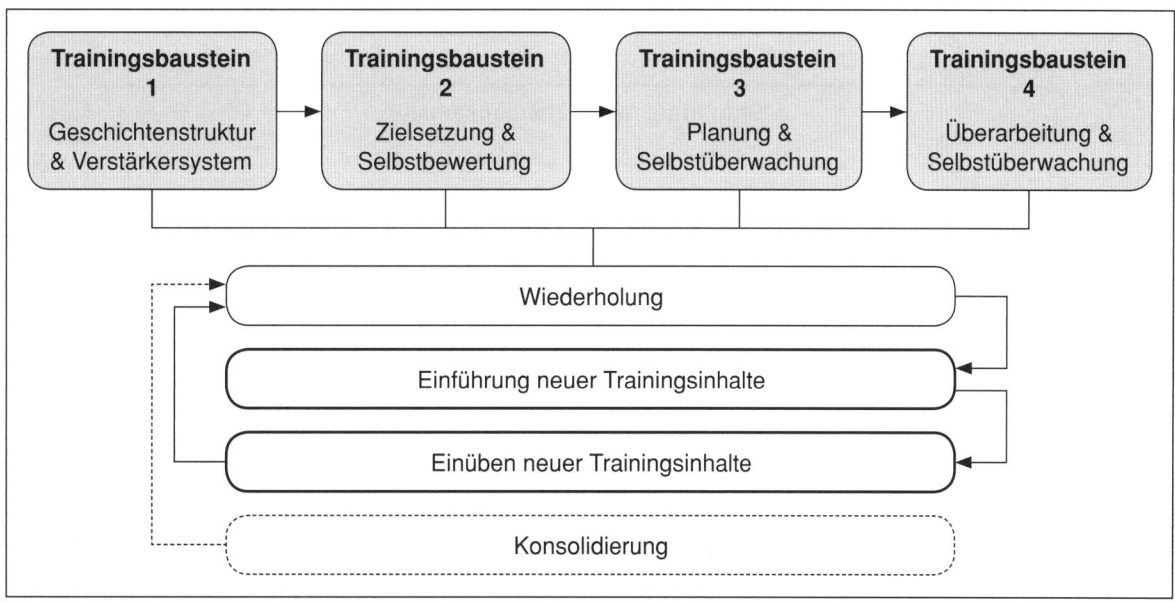

Abbildung 2: Programmkonzeption und Aufbau der Trainingsbausteine

beitsschritte innerhalb eines Bausteins (insb. Kontrolle und Überarbeitung in TB 4) zeitlich entzerrt, d. h. über einen längeren Zeitraum zu instruieren und zu festigen. Denkbar ist auch, den jeweils folgenden Baustein mit größerem zeitlichem Abstand einzusetzen. Wiederholung und Konsolidierung können soweit ausgedehnt werden, dass das Programm insgesamt über ein Schuljahr bzw. zwei aufeinanderfolgende Schulhalbjahre durchgeführt werden kann.

2.2 Materialien und Lehrerinstruktionen

Instruktionsziele, orientierende Durchführungszeiten sowie zugehörige Arbeitsmaterialien sind für jeden Trainingsbaustein zu Beginn des jeweiligen Kapitels in einer Übersichtstabelle aufgelistet. Darüber hinaus sind allgemeine Informationen vorangestellt, die der Vorbereitung des jeweiligen Bausteins dienen. Das Manual beinhaltet in den Kapiteln 3–6 detaillierte Instruktionen zur Durchführung der vier Trainingsbausteine. Beigefügt ist zudem eine DVD, die jegliche erforderlichen Lehrer- und Schülermaterialien als PDF-Dokumente beinhaltet und darüber hinaus Video-Sequenzen zur Anschauung zentraler Instruktionsabschnitte

enthält. Alle Materialien können farbig oder schwarz-weiß ausgedruckt werden. Im Manual sind die erforderlichen Lehrer- und Schülermaterialien fortlaufend nummeriert und bezeichnet sowie im laufenden Text optisch hervorgehoben und durch ein Materialiensymbol am Textrand gekennzeichnet.

Abbildung 3 veranschaulicht Materialien und Instruktionen, die zur Durchführung der Bestandteile eines Trainingsbausteins benötigt werden. Die *Lehrermaterialien* bezeichnen im Wesentlichen Overhead-Folien, die die Lehrkraft benutzt, um den Schülern die Anwendung der Arbeitsmaterialien des Programms zu beschreiben und zu demonstrieren (s. Abb. 3). Die *Schülermaterialien* beinhalten Hilfsmittel und Gedächtnisstützen, die den Schülern das Einüben neuer Trainingsinhalte erleichtern sollen. Die *Arbeitsblätter* aus dem Aufgabenpool dienen zur Übung und Vertiefung neuer Trainingsinhalte. Die Lehrkraft erhält im Manual durchgehend Hinweise, um den Einsatz der vielfältigen Materialien systematisch zu planen und während der Anwendung zu koordinieren. Darüber hinaus werden Anregungen gegeben, um die Aufmerksamkeit der Schüler während der Schreibinstruktion zu lenken sowie die Schüler in der Organisation ihres Arbeitsplatzes zu unterstützen.

Abbildung 3: Materialien und Lehrerinstruktionen für die vier Bestandteile eines Trainingsbausteins

Das Programm kann seine Wirkung nur dann in dem intendierten Sinne entfalten, wenn alle Lehrer- und Schülermaterialien in Kombination mit den vorgesehenen Lehrerinstruktionen im Kontext des entsprechenden Trainingsbausteins eingesetzt werden. Es ist obligatorisch, dass die Lehrkraft die *Einführung eines neuen Trainingsinhaltes* damit beginnt, dass sie Aufbau und Funktion eines neuen Schülermaterials anhand einer Overhead-Folie zeigt und erläutert sowie anschließend die Anwendung des Materials beim Schreiben demonstriert und dabei „laut denkt". Im Manual sind hierfür detaillierte Lehrerinstruktionen vorgegeben. Soweit es sich anbietet, können die Schüler in einem gelenkten Unterrichtsgespräch (fragend-entwickelnder Unterricht) aktiv in die Erarbeitung der neuen Trainingsinhalte eingebunden werden. Teilweise ist es erforderlich, ein Tafelbild bzw. alternativ ein Flip-Chart vorzubereiten. Darüber hinaus müssen einzelne Lehrerfolien vorab abgeklebt werden, um eine „schrittweise Instruktion" komplexer Lerninhalte zu demonstrieren.

Nachdem die Lehrkraft die Anwendung der Schülermaterialien erläutert und modelliert hat, erhalten die Schüler die Hilfsmittel und üben deren Anwendung unter expliziter Anleitung der Lehrkraft ein *(Einüben neuer Trainingsinhalte)*. Im Manual sind hierfür detaillierte Instruktionen für die Lehrkraft vorgesehen, um jeden Lernschritt der Schüler vorzubereiten und anzuleiten. Es wird allerdings vorausgesetzt, dass sich die Lehrkraft selbst an den Lernvoraussetzungen ihrer Schüler orientiert und entsprechend die notwendigen Schreib- und Instruktionszeiten zum Einüben eines neuen Trainingsinhaltes einplant. Darüber hinaus können die Instruktionen in Abhängigkeit von den Lernvoraussetzungen inhaltlich erweitert (z. B. Exkurs Fantasiegeschichten, Reizwortgeschichten) bzw. komprimiert werden.

Für die Konsolidierungsphase sind konkrete Anleitungen zur Bearbeitung der Aufgaben vorgesehen. Die Aufgaben sind nicht selbsterklärend und müssen zunächst von der Lehrkraft in einem gelenkten Unterrichtsgespräch gemeinsam mit den Schülern erarbeitet werden, bevor sie von den Schülern individuell oder in tutoriellen 2er-Teams durchgeführt werden können. Die Übungen aus dem Aufgabenpool lassen sich problemlos an verschiedene Leistungsniveaus adaptieren. Hierfür finden sich zahlreiche Vorschläge für mögliche Anpassungen an den Anleitungen sowie Arbeits- und/oder Lösungsblättern.

2.3 Verstärkersystem

Das Manual sieht drei Verhaltensregeln (s. Abb. 4) vor, die mit den Schülern vereinbart werden: „Schreibzeit richtig nutzen! Hilfsmittel genau benutzen! Unterstützung geben und helfen lassen!". Diese programmspezifischen Regeln beinhalten im Kern Verhaltensattribute (Konzentration, Genauigkeit und Kooperation), die generell mit einem förderlichen Effekt auf das Lernen von Schülern assoziiert werden. Es wäre daher wünschenswert, fächerübergreifend ähnliche Regeln für lernförderliches Verhalten zu etablieren. Wenn in der Klasse bereits ein Verstärkersystem besteht, sollte die Lehrkraft die im Manual vorgesehenen Regeln möglichst einbinden. Darüber hinaus sollten etablierte „Rituale" zur Regelvereinbarung oder -auffrischung (z. B. Schüler sitzen im Stuhlkreis) in die Durchführung des vorliegenden Programms integriert werden.

Abbildung 4: Verhaltenskärtchen

Die Schüler erhalten für jede beobachtete Schreibsituation eine Rückmeldung darüber, wie gut sie sich bei der Anwendung der neuen Hilfsmittel an die Regeln gehalten haben. Das Verstärkersystem sieht vor, dass die Schüler für regelkonformes Verhalten beim Schreiben mit maximal sechs Smileys belohnt werden können (2 Smileys je Regel). Dazu registriert die Lehrkraft während der Stillarbeitsphasen für jeden Schüler die Anzahl der Situationen, in denen er sich *nicht* an die vereinbarten Regeln gehalten hat (z. B. Strichliste führen).

Tabelle 3 gibt einen Überblick zu regelabweichenden Verhaltensweisen, die von der Lehrkraft beobachtet werden können. Auf der Grundlage dieser Verhaltensbeobachtungen legt die Lehrkraft einen Standard für einen Punkteabzug fest (je Regel 1 Punkt Abzug für xx Regelverstöße). Die resultierende Punktzahl wird schließlich von der Lehrkraft in einem sogenannten Smiley-Protokoll (s. Abb. 5) festgehalten.

Die Standards für einen Punkteabzug sollten im Verlauf des Trainings an das Leistungsniveau der Schüler adaptiert werden. Beispielsweise könnte die Lehrkraft kleinere Regelverstöße bei demselben Schüler mit zunehmender Beherrschung des strategischen Vorgehens im Verlauf des Trainings stärker gewichten, um den Schüler zu größeren Lernanstrengungen zu motivieren. Darüber hinaus sollte das Verstärkersystem an interindividuelle Leistungsunterschiede der Schüler angepasst werden. Hierzu zählt, dass bei leistungsschwächeren Schülern „Bemühungen" stärker gewichtet werden, selbst wenn es noch zu regelabweichendem Verhalten kommt und das Produkt keine deutlichen Lernfortschritte erkennen lässt.

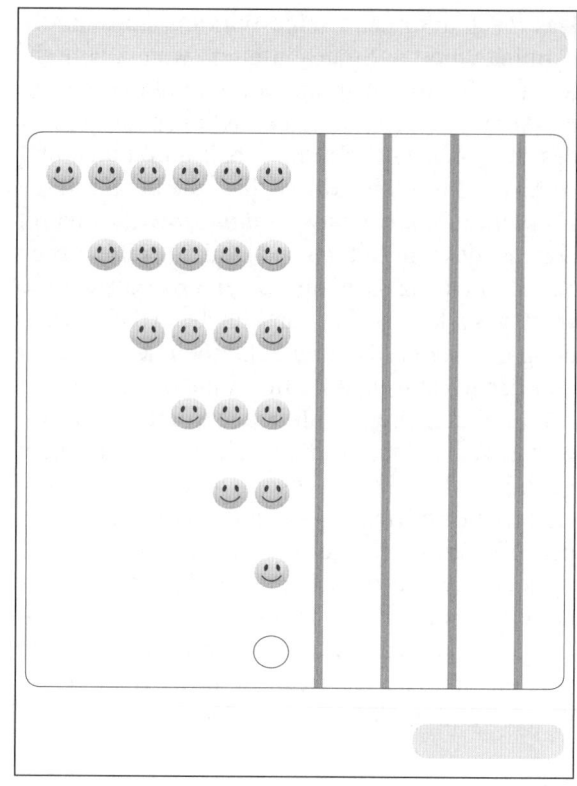

Abbildung 5: Smiley-Protokoll

Tabelle 3: Regelabweichendes Verhalten

Schreibzeit richtig nutzen!	Hilfsmittel genau benutzen!	Unterstützung geben und helfen lassen!
– Schüler trödelt herum, bevor er mit Schreiben beginnt	– Schüler hat keine Ordnung an seinem Arbeitsplatz	– Schüler hält sich nicht an die vorgegebene Reihenfolge bei Teamarbeiten
– Schüler beschäftigt sich fortlaufend mit anderen Dingen	– Schüler schaut selten auf die vorgesehenen Gedächtnisstützen (Schreibkärtchen)	– Schüler gibt dem Teampartner falsche oder unzureichende Rückmeldung
– Schüler bricht die Schreibarbeit ab, obwohl noch genügend Zeit wäre, weiter zu arbeiten	– Schüler füllt Geschichtenplan oder Checkliste fehlerhaft aus	– Schüler beachtet Hinweise seines Teamkollegen nicht
– Schüler beendet Schreibarbeit nicht, obwohl zum nächsten Arbeitsschritt übergegangen werden soll	– Schüler arbeitet ungenau bei der Zielsetzung und Selbstbewertung (Balkendiagramm)	– Schüler stört Teamkollegen oder lenkt ihn ab
– Schüler beginnt mit einem neuen Arbeitsschritt, obwohl er den vorherigen nicht abgeschlossen hat	– Schüler beachtet die Aufgabenstellung bei den Übungsblättern nicht	– Schüler mault oder beschwert sich, wenn er mit einem Teamkollegen arbeiten soll

2.4 Zielsetzung, Selbstbewertung und Selbstüberwachung

Das Ziel des Programms besteht darin, die Schüler dazu zu befähigen, Methoden der Zielsetzung und Selbstbewertung sowie Selbstüberwachung selbstständig beim Planen, Schreiben und Überarbeiten von Geschichten anzuwenden. Das Einüben solcher selbstreflexiver Praktiken bereitet Schülern in der Regel zunächst Schwierigkeiten. Das Manual sieht daher vor, dass mit den Schülern Hilfsmittel zur Zielsetzung und Selbstbewertung (Balkendiagramm) sowie zur Selbstüberwachung (Geschichtenplan und Checkliste) in einer komplexen Abfolge von Arbeitsschritten eingeübt werden (s. Abb. 6–8). Die Lehrkraft sollte für jeden einzelnen Arbeitsschritt ausreichend Zeit zur Konsolidierung einplanen, bevor sie zur Instruktion des nächst folgenden Arbeitsschritts übergeht. Die Lehrkraft muss die korrekte Anwendung gerade der selbstreflexiven Bestandteile des Programms durch die Schüler kontinuierlich überwachen. Hierfür bietet es sich an, dass die Schüler ihre Schreibprodukte im Verlauf des Trainings in einem Portfolio sammeln.

Das Manual sieht vor, dass eine Methode zur *Zielsetzung und Selbstbewertung* anhand des Balkendiagramms in dem Trainingsbaustein 2 (s. Kap. 4)

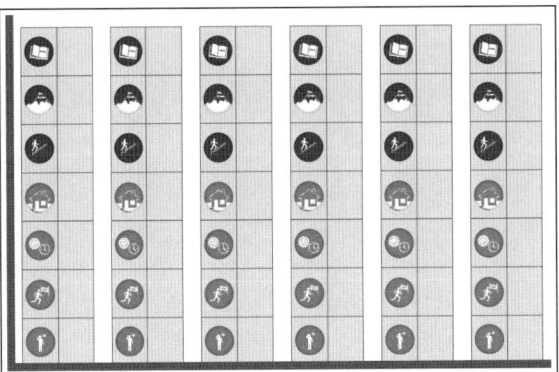

Abbildung 6: Balkendiagramm

eingeführt wird. Die Schüler sollen lernen, ihre Schreibleistung realistisch einzuschätzen und sich darauf aufbauend moderate Ziele für Leistungsverbesserungen zu setzen. Voraussetzung hierfür ist, dass die Schüler die 7-W-Fragen (Wer ist die Hauptperson? Was ist ihr Ziel? Wann und wo spielt die Geschichte? Was sind die Handlungsschritte? Was ist der Höhepunkt? Wie endet die Geschichte?) beherrschen und diese in ihren eigenen Geschichten identifizieren können. Darüber hinaus muss die Lehrkraft sicherstellen, dass die Schüler wissen, wie das Balkendiagramm aufgebaut ist und wie es zur Zielsetzung und Selbstbewertung verwendet werden muss. Sollte es diesbezüglich Schwierigkeiten geben, müssen die zugehörigen Instruktionen wiederholt bzw. erweitert (ggf. durch die Übungen 1 + 3) werden, bevor die Schüler das Balkendiagramm selbstständig beim Schreiben anwenden.

Die Methoden zur *Selbstüberwachung* (Geschichtenplan, Checkliste) werden in den Trainingsbausteinen 3 + 4 eingeführt. Beim Ausfüllen des Geschichtenplans haben die Schüler häufig Schwierigkeiten kurze Stichworte zu finden, insbesondere gilt dies für die Geschichtenhandlung (Handlungsschritte und Höhepunkt). Es bietet sich daher an, Aufbau und Funktion des Geschichtenplans zunächst in kurzen mündlichen Planungsübungen (ggf. tutoriell) zu vertiefen. Erst wenn die Schüler den Geschichtenplan sicher anwenden können, sollte zur Instruktion der Checkliste übergegangen werden. Die Checkliste wird zur Kontrolle und darüber hinaus zur Verbesserung der Geschichten eingesetzt. Zur Kontrolle müssen die Antworten auf 7-W-Fragen im Text identifiziert und markiert werden sowie entsprechende Textstellen den passenden Symbolen auf der Checkliste zugeordnet werden. Das Einfügen von Verbesserungen setzt voraus, dass die Schüler Ideen bzw. Stichworte für fehlende Antworten auf die 7-W-Fragen in ihren Checklisten notieren sowie dafür Sätze generieren, die sie an einer passenden Stelle im Text einfügen.

Abbildung 7: Geschichtenplan

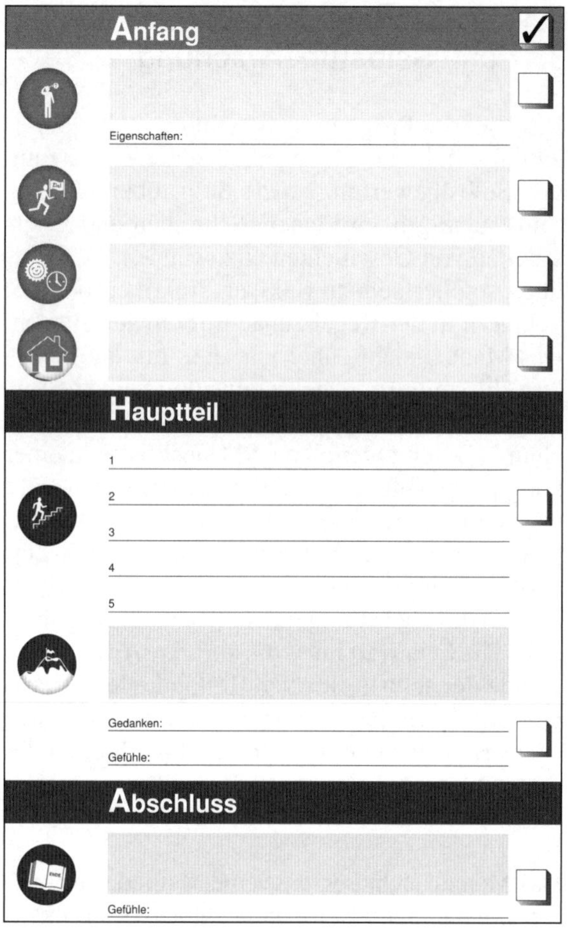

Abbildung 8: Checkliste

3 Trainingsbaustein 1

Inhalt	Dauer[2]
Verhaltensregeln und Verstärkersystem	**55 Minuten**
Einführung	15 Minuten (optional)
Regelkonformes Arbeitsverhalten	30 Minuten
Smiley-Protokoll	10 Minuten
L1 Folie Fragebogen zum Schreiben; S1 Fragebogen zum Schreiben **Tafelbild; L2 Folie Verhaltensregeln** **S2 Verhaltenskärtchen; L3 Folie Smiley-Protokoll**	
Aufbau und Inhalt von Geschichten	**50 Minuten**
A-H-A Struktur	10 Minuten
7-W-Fragen Strategie	15 Minuten
Einprägen der A-H-A Struktur und 7-W-Fragen	25 Minuten (optional)
L4 Folie Beispielgeschichte Skirennen; L5 Folie A-H-A 7-W-Fragen **S3 Schreibkärtchen; L6 Beispielgeschichte Skirennen + Markierungen**	
Erlebniserzählung	**30 Minuten**
Schreiben	20 Minuten
Verhaltensfeedback	10 Minuten
S4 Smiley-Protokoll	

Festlegung der Zeitvorgaben und Arbeitsformen
- Unter 3.1.1 Reflexion der Antworten zu Fragen der Schreibeinstellung
- Unter 3.1.2 Erarbeiten der Verhaltensregeln und Diskussion am Beispiel
- Unter 3.2.1 + 3.2.2 Instruktion der Teilabschnitte
- Unter 3.2.3 Erlesen und Unterstreichen der 7-W-Fragen, ggf. Lösungen (s. L6) vorgeben
- Unter 3.3.1 Schreibzeit, inkl. der Zeiten für entsprechende Zwischenhinweise
- Ggf. tutorielle Arbeitsform einplanen (Lesen der Geschichten)

Organisation von Materialien und Schreibplatz
- Unter 3.2.2 Folie (L5) Abkleben der 7-W-Fragen Symbole, um eine schrittweise Herleitung in Interaktion mit den Schülern zu ermöglichen
- Unter 3.2.3 Folie (L4) beim Vorlesen von Gesamttext und Einzelabschnitten nicht auflegen
- Unter 3.3.1 Schreibblatt, Schreibkärtchen rechts, Verhaltenskärtchen an der oberen Tischkante
- Unter 3.3.1 Anlegen eines Sitzplans zur Registrierung von Regelverstößen für jeden Schüler
- Unter 3.3.1 Festlegung eines Bewertungsmaßstabs zur Vergabe der Smileys und Einsammeln der Schülertexte und Hilfsmaterialien

---

2 Die Lehrkraft sollte die Zeitvorgaben gemäß der Lernstände ihrer Schüler anpassen.

3.1 Verhaltensregeln und Verstärkersystem

Vgl. Videosequenz 1: Verhaltensregeln und Smiley-Protokoll

Die Lehrkraft:
– erfragt die Schreibeinstellung der Schüler;
– leitet Regeln für anforderungskonformes Arbeitsverhalten her;
– führt das Smiley-Protokoll ein.

Die Schüler:
– füllen zum Einstieg einen Fragebogen zum Schreiben aus;
– üben die Verhaltensregeln mit Hilfe des Verhaltenskärtchens.

3.1.1 Einführung

	gar keinen	wenig	etwas	ziemlich viel	sehr viel
1. Wie viel Spaß hast du beim Schreiben?					

	gar nicht gut	nicht so gut	es geht	ziemlich gut	total gut
2. Wie gut bist du darin, Aufsätze zu schreiben?					
3. Wie gut kannst du dich beim Schreiben konzentrieren?					
4. Wie gut bist du darin, deine Aufsätze zu Ende zu bringen?					

L1 + S1

• Ich möchte mehr darüber erfahren, was ihr über das Schreiben denkt. Hierzu bekommt ihr einen *Fragebogen* von mir. Wir gehen die Fragen gemeinsam durch.
• Die erste Frage lautet: Wie viel Spaß hast du am Schreiben?
• Es gibt verschiedene Möglichkeiten zum Antworten: gar keinen, wenig, etwas, ziemlich viel, sehr viel.
• Ihr sollt euch für die Antwort entscheiden, die zu euch am besten passt, und diese Antwort ankreuzen. Es gibt keine richtigen oder falschen Antworten. Ich möchte eure ehrliche Meinung wissen, damit ich besser mit euch arbeiten kann.
• Die zweite Frage lautet: Wie gut bist du darin, Aufsätze zu schreiben? Es gibt wieder verschiedene Antwortmöglichkeiten: gar nicht gut, nicht so gut, es geht, ziemlich gut, total gut.
• Die dritte Frage lautet: Wie gut kannst du dich beim Schreiben konzentrieren? Entscheidet euch für die Antwort, die am besten zu euch passt: gar nicht gut, nicht so gut, es geht, ziemlich gut, total gut.
• Die vierte Frage: Wie gut bist du darin, deine Aufsätze zu Ende zu bringen? (gar nicht gut, nicht so gut, es geht, ziemlich gut, total gut)

• Wir wollen über eure Antworten sprechen. Warum schreibt ihr nicht gern? Was fällt euch schwer? Was wollt ihr besser können?
• Schreiben ist für viele von euch ziemlich anstrengend. Deshalb habt ihr oft wenig Spaß dabei. Manchmal seid ihr nicht zufrieden mit den Aufsätzen, die ihr geschrieben habt. Trotzdem wisst ihr nicht so genau, wie ihr es besser machen könnt.
• Wir wollen in den nächsten Stunden zusammen üben. Wir wollen daran arbeiten, dass ihr besser im Schreiben von Geschichten werdet. Ihr werdet viele Hilfsmittel kennenlernen, damit euch das Schreiben nicht mehr so schwer fällt.

3.1.2 Regelkonformes Arbeitsverhalten

Die Lehrkraft erarbeitet zuerst mit den Schülern, welche Verhaltensweisen jedem Schüler selbst dabei helfen, bessere Aufsätze zu schreiben, und leitet damit Regel 1 + 2 her [„Schreibzeit richtig nutzen!" und „Hilfsmittel genau benutzen!"]. Anschließend diskutiert die Lehrkraft mit den Schülern Verhaltensweisen, um besser miteinander zu arbeiten, und leitet damit Regel 3 her [„Unterstützung geben und helfen lassen].

• Bevor wir richtig mit dem Schreiben loslegen, möchte ich Arbeitsregeln mit euch vereinbaren.
• Was könnte euch dabei helfen, bessere Geschichten zu schreiben? Was machen Schüler, die gute Geschichten schreiben? Warum gelingt es einigen Schülern nicht, gute Geschichten zu schreiben?
• Ich schreibe an die Tafel (Flip-Chart), was mir wichtig ist. Vieles von dem ist euch auch eingefallen. Mal sehen, ob wir konkrete Regeln daraus formulieren können:
  ◦ Schreibzeit
  ◦ Hilfsmittel
• Wer weiß, was ich mit Schreibzeit meine?
  ◦ Einigen Schülern fällt es schwer, rechtzeitig mit ihren Aufsätzen fertig zu werden. Andere Schüler geben ihre Aufsätze nach sehr kurzer Zeit ab. Das wollen wir ändern. Ihr bekommt jedes Mal ausreichend Zeit zum Schreiben. Während des Schreibens sage ich euch, wie viel Zeit euch noch zum Schreiben bleibt und wie weit ihr mit euren Aufsätzen sein solltet. Ihr sollt euch an diese Vorgaben halten – weder früher abgeben noch überziehen!
• Ich schreibe die erste Regel an die Tafel. Sie lautet: *Schreibzeit richtig nutzen!*

- Wer weiß, was ich mit Hilfsmittel meine?
  - Einige von euch wissen nicht, wie sie ihre Aufsätze besser machen können. Das wollen wir ändern. Ihr lernt Hilfsmittel kennen, die euch beim Schreiben helfen. Ihr sollt diese Hilfsmittel anwenden.
- Ich schreibe die zweite Regel an die Tafel. Sie lautet: *Hilfsmittel genau benutzen!*
- Die Regeln „Schreibzeit richtig nutzen" und „Hilfsmittel genau benutzen" helfen dabei, dass jeder selbst gut arbeiten kann. Es gibt auch Aufgaben, die ihr zu zweit erledigen sollt. Worauf kommt es an, wenn ihr mit einem anderen Schüler zusammenarbeitet?
- Wir wollen für die Aufgaben, die ihr in 2er-Teams bearbeitet, eine weitere Regel vereinbaren. Ich schreibe diese dritte Regel auch an die Tafel: *Unterstützung geben und helfen lassen!*
- In dieser Regel stecken 2 Dinge, die wichtig sind, wenn ihr mit einem anderen Schüler zusammenarbeitet: Warum ist es wichtig, den anderen zu unterstützen? Warum muss man sich auch helfen lassen?
  - Es geht darum, dass sich jeder Schüler verbessert. Ihr sollt euch gegenseitig helfen, bessere Aufsätze zu schreiben.
  - Niemand kann alles allein schaffen. Miteinander fällt es immer leichter, an schwierigen Aufgaben zu arbeiten

L2 + S2

- Auf dieser *Folie* seht ihr 3 Symbole. Was meint ihr, zu welcher Regel passt dieses Symbol (Schreibzeit)? Zu welcher Regel passt dieses Symbol (Hilfsmittel)? Zu welcher Regel passt dieses Symbol (Zusammenarbeit)?
- Jeder von euch bekommt ein *Verhaltenskärtchen*, das genauso aussieht wie diese Folie. Das hilft euch, an die Regeln zu denken. Ich lege euch das Verhaltenskärtchen an die obere Tischkante. Es gehört zu eurem Schreibplatz und soll dort liegen bleiben.
- Ich lese euch einen kurzen Text vor, der beschreibt, wie sich ein Schüler im Schreibunterricht verhält.

> Nach den Sommerferien haben die Schüler einer Klasse die Aufgabe erhalten, einen Aufsatz zum Thema „Mein schönstes Ferienerlebnis" zu schreiben. Ein Schüler hat überhaupt keine Lust darauf. Ihm fällt nichts ein. Er schaut aus dem Fenster. Nach einer

> Weile gibt der Schüler ein fast leeres Blatt ab. Anschließend werden die Aufsätze in 2er-Teams besprochen. Der Schüler erhält einige Hinweise von einem Mitschüler, die beinhalten, was er an seinem Aufsatz besser machen kann. Der Schüler hört aber gar nicht genau zu. Außerdem versucht er erst gar nicht, etwas an dem Aufsatz eines Mitschülers zu verbessern.

  - An welche Regel hat sich der Schüler gehalten?
  - Welches Symbol steht dafür auf eurem Verhaltenskärtchen?
  - Welche Regel hat er nicht beachtet?
  - Was kann er besser machen?

3.1.3 Smiley-Protokoll

- Ich werde mir in den nächsten Schreibstunden ansehen, wie gut ihr die Regeln beachtet. Nach jeder Schreibstunde bekommt ihr das *Smiley-Protokoll*. Hier sind 4 senkrechte Linien. Jede Linie steht für eine Schreibstunde. Links neben der ersten senkrechten Linie sind die Smileys abgebildet. Ganz unten seht ihr gar keinen Smiley. Ganz oben stehen 6 Smileys nebeneinander. Nur die Schüler, die sich an alle 3 Regeln

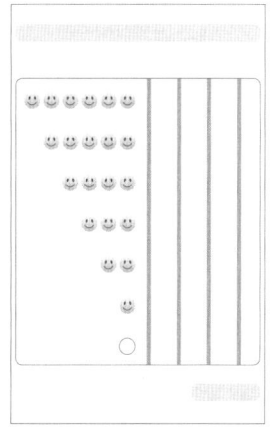

L3

ganz genau halten, bekommen nach der Stunde 6 Smileys von mir. Schüler, die sich weniger an die Regeln halten, bekommen weniger Smileys.
- Ihr seht, dass ihr in jeder Stunde Smileys bekommt. Die Anzahl der Smileys, die ihr insgesamt gesammelt habt, könnt ihr in dieses Kästchen eintragen. Je mehr Smileys ihr im Verlauf der Zeit sammelt, desto besser werdet ihr beim Schreiben. Am Ende könnt ihr die Smileys gegen eine Belohnung eintauschen.

3.2 Aufbau und Inhalt von Geschichten

Vgl. Videosequenz 2: A-H-A Struktur und 7-W-Fragen Strategie

Die Lehrkraft:
- leitet anhand der Beispielgeschichte Skirennen die A-H-A-Struktur her;
- erarbeitet die 7-W-Fragen;
- markiert die 7-W-Fragen in der Beispielgeschichte Skirennen.

Die Schüler:
- erhalten das Schreibkärtchen.

3.2.1 A-H-A Struktur

L4

L5

- Jeder von euch hat schon eine Geschichte gelesen und geschrieben. Schaut bitte nach vorn. Hier habe ich eine *Geschichte* mitgebracht. Was fällt euch auf, wenn ihr diesen Text anschaut?
- Diese Geschichte besteht aus 3 Teilen. Wir nennen das Abschnitte. Die meisten Geschichten bestehen aus 3 Teilen. Wer weiß, wie die Teile heißen? Es gibt einen Anfang, einen Hauptteil und einen Abschluss.
- Ich habe eine *Folie* mit den Worten *Anfang*, *Hauptteil* und *Abschluss*.
- Wenn ihr die Anfangsbuchstaben dieser 3 Worte zusammenfügt, ergibt sich daraus A-H-A. Das könnt ihr euch leicht merken. Wenn ihr eine Geschichte schreibt, sollt ihr euch erinnern, dass die Geschichte aus den 3 Teilen „A-H-A" bestehen muss.
- Jeder der 3 Teile hat eine bestimmte Aufgabe für die Geschichte.
- Wofür ist der Anfang wichtig? Wir erfahren alles über den Ursprung der Geschichte. Wofür ist der Hauptteil in einer Geschichte wichtig? Der Hauptteil ist der längste Teil in der Geschichte. Darin wird erzählt, was alles passiert und wie sich die Geschichte entwickelt. Warum ist das Ende in einer Geschichte wichtig? Wir erfahren, wie alles ausgeht.
- Nur wenn jeder Teil vollständig und in der richtigen Reihenfolge erzählt wird, kann man die ganze Geschichte verstehen.

3.2.2 7-W-Fragen Strategie

- Weiß jemand, was am Anfang einer Geschichte erzählt wird?
- Ihr seht, dass ich unter „A" für Anfang 4 Kästchen abgedeckt habe. Das sind die Dinge, die im Anfang der Geschichte erzählt werden. Wenn ihr etwas davon genannt habt, decke ich das entsprechende Kästchen auf.
  - WER ist die Hauptperson in der Geschichte. Ihr seht hier ein Symbol (ggf. Begriff erläutern) für die *Person* und darunter die Abkürzung, die wir für die Hauptperson verwenden – den Buchstaben „P". Die Person wird kurz beschrieben: Wie heißt die Person, welche Eigenschaften hat die Person, …?
  - WAS nimmt sich die Hauptperson vor? Was will sie erreichen? Was hat sie vor? Kann jemand das Symbol hierfür erkennen? Das nennen wir das *Ziel* der Hauptperson. Für das Ziel steht die Abkürzung „ZIE".
  - WO spielt die Geschichte? Wer erkennt das Symbol für den *Ort*? Es gibt ganz verschiedene Orte, an denen eine Geschichte beginnen kann. Auch das könnt ihr an den Symbolen erkennen. Hier seht ihr ein Haus mit Garten. Eine Geschichte kann aber auch in einem Gebäude z. B. einer Schule oder einem Wohnhaus beginnen. Oder es wird eine Landschaft z. B. Wald, Wiese, Meer beschrieben. Für den Ort steht der Anfangsbuchstabe „O".
  - WANN passiert die Geschichte? Es gibt verschiedene Möglichkeiten die *Zeit*, zu der eine Geschichte stattfindet, zu beschreiben. Das seht ihr hier an den Symbolen (Sonne – Sommer; Uhr – Nachmittag). Die Abkürzung „ZEI" steht für die Zeit.
- Das sind 4-W-Fragen, die ihr euch für den Anfang eurer Geschichte überlegen müsst.
- Für den Hauptteil habe ich 2 Kästchen abgedeckt. Was wird erzählt?
  - Im Hauptteil einer Geschichte erfahren wir, WAS die Hauptperson alles unternimmt, um ihr Ziel zu erreichen. Ich habe euch gerade gezeigt, dass der Hauptteil der längste Teil der Geschichte ist. Wir nennen das die Handlung einer Geschichte. Die Abkürzung für

diese W-Frage ist „HS" für *Handlungs-schritte*. Die Wörter, die ihr verwendet, um zu beschreiben, was die Hauptperson alles tut, heißen Verben. Auf der Folie seht ihr eine Person, die eine Treppe heraufsteigt. Die Person steigt 5 Stufen herauf. Die fünf Stufen stehen für 5 Verben. Ihr sollt im Hauptteil in mindestens 5 unterschiedlichen Verben beschreiben, was die Hauptperson tut.

- Der spannendste Punkt in einer Geschichte ist die Stelle, an der sich entscheidet, wie die Geschichte ausgeht. Wir nennen das den *Höhepunkt* einer Geschichte. Für den Höhepunkt steht die Abkürzung „HP". Die Frage danach lautet, WAS ist der Höhepunkt der Geschichte. Wenn ihr auf das Symbol schaut, seht ihr, dass die Hauptperson oben angekommen ist. Und jetzt entscheidet sich, ob die Geschichte gut ausgeht – die Person ihr Ziel erreicht – oder ob es eine Geschichte ist, in der die Person am Ende nicht das schafft, was sie sich vorgenommen hat. Weil der Höhepunkt der spannendste Teil der Geschichte ist, muss man sich genau vorstellen können, was die Hauptperson erlebt. Deshalb sollt ihr beschreiben, wie sich die Hauptperson fühlt, ob sie zum Beispiel Angst hat oder wütend ist. Außerdem sollt ihr schreiben, was die Person in diesem Moment denkt.[3]
- Das sind 2 W-Fragen, die ihr für den Handlungsteil eurer Geschichte überlegen müsst.
- Es bleibt nur noch ein abgedecktes Kästchen. Was wird erzählt?
  - Es wird beschrieben, wie die Geschichte ausgeht. Die Abkürzung für das *Ende* lautet „E". Die Geschichte kann gut oder schlecht ausgehen. Am Ende interessiert uns natürlich auch besonders, wie sich die Person fühlt.
- Insgesamt sind es also 7-Ws, die ihr euch für eure eigene Geschichte überlegen müsst: 4-Ws für den Anfang, 2-Ws für den Hauptteil und 1-W für das Ende. Damit ihr euch die Fragen besser einprägen könnt, bekommt ihr später ein Schreibkärtchen von mir. Das sieht genauso aus wie diese Folie. Insgesamt sollt ihr euch beim Schreiben daran erinnern, dass eine Geschichte aus drei Teilen besteht (A-H-A) und dass ihr insgesamt 7-W-Fragen beantworten müsst.

---

3 Hier kann wörtliche Rede als stilistisches Mittel besprochen werden.

3.2.3 Einprägen der A-H-A Struktur und 7-W-Fragen

Im Folgenden liest die Lehrkraft zunächst die gesamte Geschichte laut vor. Die Schüler hören zu, ohne dass die Textfolie aufliegt. Anschließend liest die Lehrkraft Anfang, Hauptteil und Abschluss abschnittsweise nochmals jeweils ohne Folie vor. Nach jedem Abschnitt deckt die Lehrkraft den jeweiligen Abschnitt auf der Folie auf und erarbeitet am Text die W-Fragen. Schließlich unterstreicht die Lehrkraft zugehörige Textstellen.

- Ich lese euch eine Geschichte laut vor. Hört gut zu.

Das Skirennen

Peter hat Winterferien. In den letzten Tagen ist sehr viel Schnee gefallen. Der Junge wohnt in einem Ort, der mitten in den Bergen liegt. Peter liebt das Skifahren. An diesem Tag treffen sich Peter und Klaus an ihrem Lieblingsberg, um ein Wettrennen zu machen.

Kaum sind die beiden Jungen oben auf dem Berg angekommen, ruft Peter seinem Freund auch schon entgegen: „Auf los geht es los!" Blitzschnell schießt Klaus los. Peter jagt ihm hinterher. Er spürt den eisigen Fahrtwind in seinem Gesicht. Peter achtet auf jede seiner Bewegungen. Gleichzeitig nimmt er immer mehr an Tempo auf. Plötzlich läuft ein Kind aus dem Wald direkt auf die Piste zu. Peter bemerkt sofort, dass Klaus das Kind nicht sieht. In Panik brüllt er seinem Freund entgegen: „Achtung Klaus, links!" Peter befürchtet, dass die beiden zusammen stoßen könnten. Dann endlich blickt Klaus nach links und dreht blitzschnell nach rechts ab. In diesem Moment macht auch das Kind eine Kehrtwende und stapft an den Rand der Piste zurück, von wo aus die besorgte Mutter bereits nach ihm ruft. Peter und Klaus beenden ihr Rennen. Sie bremsen mit einer scharfen Rechtskurve ab und lassen sich in den Schnee fallen.

Peter und Klaus freuen sich darüber, dass alles so gut ausgegangen ist. Spontan entscheiden sich die beiden Jungen, heute kein weiteres Wettrennen zu veranstalten. Stattdessen klettern sie den Berg hinauf und machen eine ausgelassene Schneeballschlacht.

S3

L4

L6

- Wir wollen gemeinsam nach den W-Fragen in dieser Geschichte suchen. Damit ihr keine Frage vergesst, teile ich euch das *Schreibkärtchen* aus.
- Welche W-Fragen gehören in den Anfang einer Geschichte? Hört gut zu. Ich lese euch den Anfang der Geschichte vom Skirennen vor und ihr merkt euch die W-Fragen, die darin vorkommen.
- Auf dieser Folie steht die Geschichte vom Skirennen. Ich zeige euch erst einmal den Anfang. Nennt mir die Textstellen im Anfang, die W-Fragen enthalten. Ich möchte diese Stellen unterstreichen.
- Welcher Teil kommt nach dem Anfang? In dem Hauptteil wird erzählt, was die Hauptperson alles tut. In dieser Geschichte ist Peter die Hauptperson. Ich lese euch Satz für Satz vor und ihr sagt mir, ob ein *Handlungsschritt* enthalten ist. Ich unterstreiche jedes Verb für Peters Handlung.
- Welches W ist im Hauptteil noch wichtig? Im Hauptteil wird es auch richtig spannend. Ich lese weiter und ihr achtet darauf, an welcher Stelle es besonders spannend wird. Wer kann mir eine Textstelle in dieser Geschichte nennen, die besonders spannend ist? Ich unterstreiche die Textstellen.
- Ich lese euch jetzt vor, wie die Geschichte ausgeht. Wie fühlt sich die Hauptperson am Ende? Was macht sie? Ich unterstreiche die Textstellen.

3.3 Erlebniserzählung

Die Schüler:
- schreiben eine Erlebnisgeschichte;
- erhalten ihr Smiley-Protokoll und individuelles Feedback zum Arbeitsverhalten.

Die Lehrkraft:
- registriert und protokolliert regelabweichendes Verhalten;
- macht die Schüler auf Regelverstöße aufmerksam;
- füllt die Smiley-Protokolle aus.

3.3.1 Schreiben

- Ihr sollt für euren besten Freund oder eure beste Freundin eine Geschichte schreiben. Es soll um ein „schönes Ferienerlebnis" gehen. Bevor ihr damit beginnt, richtet jeder seinen Schreibplatz ein.
- Euer Verhaltenskärtchen liegt an der oberen Tischkante. Denkt an die 2 Regeln: „Schreibzeit richtig nutzen!" und „Hilfsmittel genau benutzen!". Immer, wenn ich bemerke, dass sich jemand von euch nicht gut an die Regeln hält, gehe ich zu seinem Platz und zeige auf das entsprechende Symbol auf dem Verhaltenskärtchen.
- Zum Schreiben braucht ihr außerdem das Schreibkärtchen. Legt es direkt neben euer Schreibblatt, damit ihr immer wieder darauf schauen könnt.
- Das Thema lautet: „Ein schönes Ferienerlebnis". Ihr habt ausreichend Zeit zum Schreiben. Ich gebe euch zwischendurch Hinweise, damit ihr wisst, ob ihr gut in der Zeit liegt. Ich möchte, dass ihr versucht, euch daran zu halten.
- Lasst beim Schreiben immer eine Zeile frei und schreibt nur in jede zweite Zeile. So habt ihr genügend Platz, falls ihr etwas verbessern oder ergänzen wollt.

Tutorielle Arbeitsform

Nachdem beide Schüler individuell an ihren Geschichten gearbeitet haben, tauschen sie ihre Aufsätze aus. Jeder Schüler liest die Geschichte des anderen und sollte anschließend 2 Fragen dazu beantworten: Welcher Teil in der Geschichte hat mir gut gefallen? Gibt es W-Fragen, die in der Geschichte nicht beantwortet wurden? Die Lehrkraft sollte hier explizit auf Regel 3 (Unterstützung geben und helfen lassen) hinweisen.

3.3.2 Verhaltensfeedback

- Ihr habt eure Geschichten geschrieben. Jeder von euch bekommt sein Smiley-Protokoll von mir. Darin könnt ihr sehen, wie gut ihr euch während des Schreibens an die Regeln gehalten habt. Ich werde jedem von euch sagen, auf welche Regel er schon gut achtet und worauf er beim nächsten Mal noch besser achten muss. Eure Aufsätze sammle ich ein. Wir arbeiten beim nächsten Mal weiter damit.

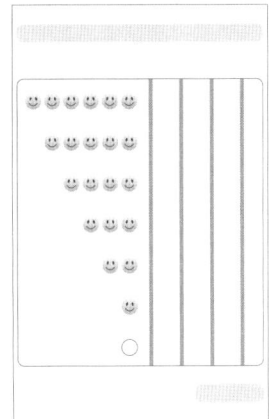

S4

4 Trainingsbaustein 2

Inhalt	Dauer[4]
Wiederholung	**45 Minuten**
Wiederholung in Interaktion mit den Schülern	15 Minuten
Übungen aus dem Aufgabenpool	30 Minuten (optional)
S2 Verhaltenskärtchen; L3 Folie Smiley-Protokoll **L5 Folie A-H-A 7-W-Fragen; S3 Schreibkärtchen**	
Das Balkendiagramm	**35 Minuten**
Zeigen und Erläutern	5 Minuten
Selbstkontrolle und Selbstbewertung	20 Minuten
Zielsetzung	10 Minuten
L7 Folie Balkendiagramm; L6 Folie Beispielgeschichte Skirennen + Markierungen	
Fantasiegeschichte	**100 Minuten**
Zielsetzung und Regelvereinbarung	15 Minuten
Schreiben und Selbstkontrolle	60 Minuten
Selbstbewertung und Verhaltensfeedback	25 Minuten
S5 Balkendiagramm; L7 Folie Balkendiagramm **S6 Fantasiebild; Tafelbild** **S4 Smiley-Protokoll**	

Festlegung der Zeitvorgaben und Arbeitsformen
- Unter 4.3.1 ggf. erweiterte Instruktion zu Fantasiebildern/Fantasiegeschichten
- Unter 4.3.2 Schreiben der Fantasiegeschichte
- Unter 4.3.2 ggf. erweiterte Diskussion zu fehlenden W-Fragen in der Geschichte Timo
- Unter 4.3.2 Unterstreichen der W-Fragen
- Ggf. tutorielle Arbeitsformen einplanen (Selbstkontrolle, Selbstbewertung)

Organisation von Materialien und Schreibplatz
- Unter 4.2.2 Wechsel zwischen 2 Folien (Skirennen und Balkendiagramm)
- Nach 4.1 Verhaltenskärtchen und Schreibkärtchen an die obere Tischkante

- Unter 4.3.1 Einsammeln der Balkendiagramme/ unter 4.3.3 Austeilen der Balkendiagramme
- Unter 4.3.2 Schreibblatt, Fantasiebild oben, Schreibkärtchen rechts, Verhaltenskärtchen an der oberen Tischkante
- Unter 4.3.2 Tafelbild Geschichte Timo erstellen
- Einsammeln der Schülertexte

4.1 Wiederholung

Die Lehrkraft:
- bespricht die Verhaltensregeln;
- zeigt das Smiley-Protokoll;
- wiederholt die A-H-A-Struktur und die 7-W-Fragen.

---

4 Die Lehrkraft sollte die Zeitvorgaben gemäß der Lernstände ihrer Schüler anpassen.

Die Schüler:
– erhalten das Verhaltenskärtchen und das Schreibkärtchen.

4.1.1 Verhaltensregeln und Verstärkersystem

S2

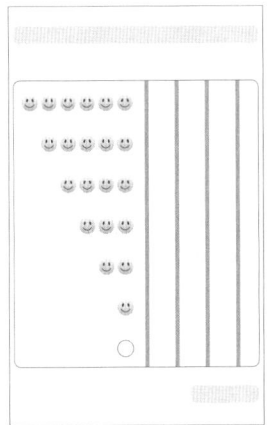

L3

- Ich möchte zuerst mit euch die Regeln wiederholen, die wir beim letzten Mal besprochen haben. Wer kann sich erinnern, wofür ich Smileys vergebe?
- Dazu teile ich euch die Verhaltenskärtchen aus. Ihr seht darauf Symbole für jede Regel. Wie lauten die 3 Regeln?
- Wir haben besprochen, dass ich mir genau ansehe, ob ihr euch an die Regeln haltet. Immer, wenn ich während des Schreibens bemerke, dass sich einer von euch nicht an die Regeln „Schreibzeit richtig nutzen!" und „Hilfsmittel genau benutzen!" hält, gehe ich zu seinem Schreibplatz und deute auf dem Verhaltenskärtchen auf das passende Symbol. Außerdem werdet ihr auch heute wieder zu zweit zusammenarbeiten. Ich werde mir ansehen, ob ihr euren Partner unterstützt und euch helfen lasst. Legt das Verhaltenskärtchen an die obere Tischkante.
- Nach jeder Stunde bekommt ihr das Smiley-Protokoll von mir. Ihr seht, dass Schüler, die alle 3 Regeln genau beachten, maximal 6 Smileys erhalten können.

4.1.2 A-H-A-Struktur und 7-W-Fragen Strategie

- Ich möchte mit euch wiederholen, worauf ihr beim Schreiben der Geschichte achten sollt. Oben auf dieser Folie steht A-H-A. Wer kann mir sagen, wofür A-H-A steht? Jeder Abschnitt einer Geschichte hat eine Funktion.

- Worauf kommt es im ersten Teil an? Was wird im ersten Teil einer Geschichte erzählt? Wer kann mir die W-Fragen nennen, die im ersten Teil der Geschichte vorkommen müssen?
- Wer kann mir sagen, was im Hauptteil der Geschichte erzählt wird?
- Worauf achtet ihr beim Abschluss der Geschichte?
- Das Schreibkärtchen bekommt ihr als Hilfsmittel von mir. Legt es neben das Verhaltenskärtchen an die obere Tischkante.

L5 + S3

4.2 Das Balkendiagramm

Vgl. Videosequenz 3: Balkendiagramm

Die Lehrkraft:
– zeigt und erläutert das Balkendiagramm;
– benutzt das Balkendiagramm zur Kontrolle und Bewertung einer Beispielgeschichte;
– benutzt das Balkendiagramm zum Setzen von Schreibzielen.

4.2.1 Zeigen und Erläutern

- Auf dieser *Folie* seht ihr 6 Balken. Jeder Balken steht für eine Geschichte, die ihr schreibt. Jeder Balken besteht aus 2 Reihen mit übereinander gestapelten Kästchen. Jede Reihe enthält 7 Kästchen.

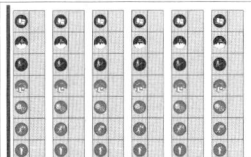

L7

- In der ersten (linken) Reihe seht ihr in jedem Kästchen ein Symbol. Jedes Symbol steht für eine W-Frage. In dem ersten Kästchen steht das Symbol für die Person. Darüber steht das Symbol für das Ziel. Darüber steht das Symbol für die Zeit. Darüber steht das Symbol für den Ort. Dann kommt ein Kästchen mit den Handlungsschritten. Darüber steht das Symbol für den Höhepunkt der Geschichte. Und im obersten Kästchen seht ihr das Symbol für das Ende.

4.2.2 Selbstkontrolle und Selbstbewertung

- Ich lese euch die Geschichte vom Skirennen laut vor. Ihr kennt diese Geschichte schon. Hört trotzdem gut zu.

> #### Das Skirennen
>
> Peter hat Winterferien. In den letzten Tagen ist sehr viel Schnee gefallen. Der Junge wohnt in einem Ort, der mitten in den Bergen liegt. Peter liebt das Skifahren. An diesem Tag treffen sich Peter und Klaus an ihrem Lieblingsberg, um ein Wettrennen zu machen.
>
> Kaum sind die beiden Jungen oben auf dem Berg angekommen, ruft Peter seinem Freund auch schon entgegen: „Auf los geht es los!" Blitzschnell schießt Klaus los. Peter jagt ihm hinterher. Er spürt den eisigen Fahrtwind in seinem Gesicht. Peter achtet auf jede seiner Bewegungen. Gleichzeitig nimmt er immer mehr an Tempo auf. Plötzlich läuft ein Kind aus dem Wald direkt auf die Piste zu. Peter bemerkt sofort, dass Klaus das Kind nicht sieht. In Panik brüllt er seinem Freund entgegen: „Achtung Klaus, links!" Peter befürchtet, dass die beiden zusammen stoßen könnten. Dann endlich blickt Klaus nach links und dreht blitzschnell nach rechts ab. In diesem Moment macht auch das Kind eine Kehrtwende und stapft an den Rand der Piste zurück, von wo aus die besorgte Mutter bereits nach ihm ruft. Peter und Klaus beenden ihr Rennen. Sie bremsen mit einer scharfen Rechtskurve ab und lassen sich in den Schnee fallen.
>
> Peter und Klaus freuen sich darüber, dass alles so gut ausgegangen ist. Spontan entscheiden sich die beiden Jungen, heute kein weiteres Wettrennen zu veranstalten. Stattdessen klettern sie den Berg hinauf und machen eine ausgelassene Schneeballschlacht.

- Die Geschichte steht auf dieser *Folie*. Ihr seht unterstrichene Satzstellen. Diese Satzstellen lese ich später noch einmal laut vor. Ihr sollt herausfinden, welche W-Frage damit beantwortet ist.
- Hier ist die Folie mit dem Balkendiagramm. Damit kontrollieren wir, ob alle W-Fragen in der Geschichte vom Skirennen beantwortet wurden. Für jede W-Frage, die wir im Text finden, mache ich einen Haken in das leere Kästchen rechts neben das entsprechende Symbol. Wenn zum Beispiel die *Person* im Text beschrieben ist, setze ich einen Haken rechts neben das Symbol.
- Im ersten Satz habe ich „Peter" und „Winterferien" unterstrichen. Welche W-Fragen sind damit beantwortet? Welches Symbol kann ich abhaken?
- Ich lege wieder die Folie mit der Geschichte auf, damit wir uns die nächste unterstrichene Textstelle ansehen können.

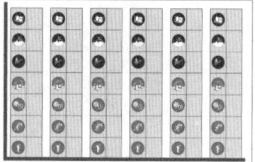

L6

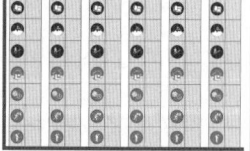

L7

Die Lehrkraft setzt dieses Vorgehen für den Anfang der Geschichte fort. Im Hauptteil bespricht sie die Handlungsverben und stellt fest, dass in dieser Geschichte 5 Verben zu finden sind. Höhepunkt und Ende werden genau wie der Anfang besprochen. Am Ende bespricht die Lehrkraft, dass die Geschichte vollständig ist, weil alle 7-W-Fragen darin beantwortet wurden. Entsprechend konnte jedes Kästchen in der Balkenreihe rechts neben den Symbolen einen Haken bekommen.

4.2.3 Zielsetzung

- Ich lese euch eine kurze Geschichte vor. Achtet auf die W-Fragen, die darin beantwortet werden.

> Timo ging durch den Wald. Plötzlich sah er ein Wildschwein. Er hatte große Angst und rannte weg.

- Ich lese die 3 Sätze noch einmal vor. Welche Symbole kann ich im Balkendiagramm abhaken?
- Für diese Geschichte können wir nur die *Person* und die *Zeit* abhaken. Ich benutze einen neuen Balken, da wir eine neue Geschichte besprechen. Wer kann mir sagen, warum ich die *Handlungsschritte* nicht abhaken kann?
- Der Schüler, der diese Geschichte geschrieben hat, könnte sich vornehmen, in seiner nächsten

Geschichte zusätzlich zur Frage nach der *Hauptperson* und der *Zeit* weitere W-Fragen zu beantworten. Der Schüler kreuzt daher für jede W-Frage, die er zusätzlich beantworten will, das passende Symbol im Balkendiagramm an.

- In unserem Beispiel würde der Schüler zuerst ein Kreuz in das Kästchen mit dem Symbol für die *Person* und die *Zeit* machen. Das sind die W-Fragen, an die er in seiner letzten Geschichte gedacht hat. Der Schüler will noch besser werden. Daher nimmt er sich vor, in seiner nächsten Geschichte 5 Verben für den Hauptteil seiner Geschichte zu überlegen und auch ein Ende für die Geschichte zu finden. Um sich das besser merken zu können, kreuzt der Schüler das passende Symbol für die *Handlungsschritte* (Handlungstreppe) und das Symbol für das *Ende* an.

4.3 Fantasiegeschichte

Die Schüler:
- benutzen das Balkendiagramm zum Setzen eigener Schreibziele;
- benutzen das Schreibkärtchen zum Schreiben einer Fantasiegeschichte;
- benutzen das Balkendiagramm zur Kontrolle und Bewertung ihrer Geschichten;
- vergleichen ihre Schreibleistungen mit ihren Schreibzielen.

Die Lehrkraft:
- registriert und protokolliert regelabweichendes Verhalten;
- macht die Schüler auf Regelverstöße aufmerksam;
- füllt die Smiley-Protokolle aus;
- erteilt individuelles Feedback zum Arbeitsverhalten;
- sammelt die Geschichten der Schüler ein.

4.3.1 Zielsetzung und Regelvereinbarung

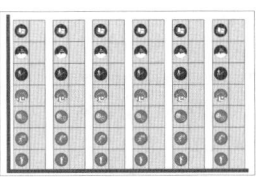

S5+L7

- Ihr sollt für euren besten Freund oder eure beste Freundin eine Fantasiegeschichte schreiben. Zuerst kreuzt ihr die passenden Symbole für eure Schreibziele in eurem eigenen Balkendiagramm an.

- Schaut bitte zu mir. Ich benutze auf meinem Balkendiagramm einen neuen Balken, weil ich eine neue Geschichte schreibe. Ihr könnt den ersten Balken benutzen, weil ihr eure erste Geschichte schreibt. Ihr kreuzt die Symbole für die *Person* und für den *Ort* an. Das sind die beiden W-Fragen, die ihr ziemlich leicht in euren Geschichten beantworten könnt. Jeder kreuzt diese Symbole in seinem Balkendiagramm an.

- Schaut bitte zu mir. Ich möchte, dass sich heute alle Schüler dieselben W-Fragen vornehmen, die sie beim Schreiben ihrer Geschichten beantworten wollen. Jeder von euch soll sich vornehmen, beim Schreiben an die *Handlungsschritte* zu denken. Euer Ziel ist es, an mindestens 5 *Handlungsschritte* zu denken. Kreuzt daher bitte das entsprechende Symbol in der linken Reihe an.

- Ich möchte, dass ihr euch noch ein weiteres Ziel vornehmt. Jeder von euch soll versuchen, ein *Ende* für seine Geschichte zu finden. Kreuzt das entsprechende Symbol in der linken Reihe an.

- Ihr habt jetzt eure Ziele in das Balkendiagramm eingetragen. Beim Schreiben achtet ihr besonders auf die *Person*, den *Ort*, die *Handlungsschritte* und das *Ende*. Ich sammle euer Balkendiagramm ein.

- Toll ist es, wenn ihr es schafft, noch mehr W-Fragen zu beantworten. Legt daher euer Schreibkärtchen direkt neben euer Blatt und schaut beim Schreiben immer wieder darauf, um an die W-Fragen zu denken.

- Nehmt bitte das Verhaltenskärtchen zur Hand. Wer kann mir sagen, welche Regeln wir beim Schreiben beachten wollen?

- Legt die Verhaltenskärtchen an eure obere Tischecke. Immer, wenn ich bemerke, dass sich jemand von euch nicht gut an die Regeln hält, gehe ich zu seinem Platz und zeige auf das entsprechende Symbol auf dem Kärtchen.

4.3.2 Schreiben und Selbstkontrolle

- Ich lege das *Fantasiebild*, zu dem ihr eine Geschichte schreiben sollt, direkt neben euer Schreibblatt. Wir schauen uns das Bild gemeinsam an. Auf dem Bild seht ihr Kinder auf einem Spielplatz. In der Mitte des

S6

Spielplatzes ist ein Ufo gelandet. Das ist etwas Ungewöhnliches, so etwas gibt es in Wirklichkeit nicht. Deshalb ist dieses Bild ein Fantasiebild. Ihr könnt euch selbst mit ganz viel Fantasie überlegen, wie es dazu gekommen ist. Die 7-W-Fragen helfen euch, eure Gedanken zu ordnen und an alle Geschichtenteile zu denken.

- Auf euren Tischen liegen euer Schreibblatt und ein Stift. Darüber liegt das Fantasiebild. Neben dem Schreiblatt liegt das Schreibkärtchen und an der oberen Tischecke liegt das Verhaltenskärtchen. Ihr habt ausreichend Zeit zum Schreiben. Ich gebe euch zwischendurch Hinweise, damit ihr wisst, ob ihr gut in der Zeit liegt. Ich möchte, dass ihr versucht, euch daran zu halten.
- Ihr habt eure Geschichten geschrieben. Lest euch jeden Satz in eurer Geschichte noch einmal genau durch. Überlegt euch, ob ihr darin eine W-Frage beantwortet habt.
- Schaut bitte an die Tafel. Hier steht die Geschichte von Timo.

> Timo ging durch den Wald. Plötzlich sah er ein Wildschwein. Er hatte große Angst und rannte weg.

- Ich schaue auf mein Schreibkärtchen. Ich überlege, welche W-Frage ich finde. Ich unterstreiche Timo. Das ist die *Person*. Ich schaue auf mein Schreibkärtchen, um die Abkürzung zu finden. Für die Person steht „P". Ich schreibe ein „P" darüber. Ich unterstreiche Wald und schreibe ein „O" darüber.
- Außerdem gibt es Verben, die beschreiben, was Timo tut. Welche Verben sind das?
- Es sind 2 Verben enthalten, die beschreiben, was Timo macht. Ich unterstreiche „sah" und schreibe ein „HS1" darüber. „HS" steht für *Handlungsschritte* und die „1" verwende ich, weil es das erste Verb ist. Ich unterstreiche „rannte" und schreibe „HS2" darüber. „HS" steht für die *Handlungsschritte* und die „2" steht für das zweite Verb, das beschreibt, was Timo tut. Ihr wisst, dass 2 Handlungsschritte zu wenig sind, um eine gute Geschichte zu schreiben. Eigentlich brauchen wir mindestens 5 Verben. In dem Balkendiagramm darf ich keinen Haken machen.
- Ihr habt euch vorgenommen, beim Schreiben an die *Person*, den *Ort*, die *Handlungsschritte* und das *Ende* zu denken. Lest euch nun eure Geschichte durch und unterstreicht die Stellen im Text mit der *Person*, dem *Ort,* den *Handlungsschritten* und dem *Ende.* Schreibt die Ab-

kürzungen darüber. Konzentriert euch erst einmal auf diese W-Fragen. Ihr habt ausreichend Zeit nach den W-Fragen zu suchen. Ich gebe euch zwischendurch Hinweise, damit ihr wisst, ob ihr gut in der Zeit liegt. Ich möchte, dass ihr versucht, euch daran zu halten.
- Die Schüler, die die Person, den Ort, die Handlungsschritte und das Ende in ihrer Geschichte unterstrichen haben, können überprüfen, ob sie auch noch andere W-Fragen in ihren Geschichten finden.

Tutorielle Arbeitsform

Nachdem die Schüler ihre Geschichten individuell kontrolliert haben, lesen sie die Geschichte des anderen komplett leise durch. Jeder Schüler prüft, ob die unterstrichenen Satzstellen korrekt bezeichnet wurden. Bei Unstimmigkeiten wird die entsprechende Textstelle durch ein Fragezeichen markiert. Wenn Antworten auf W-Fragen vergessen wurden, werden diese mit einer anderen Farbe unterstrichen und bezeichnet. Abschließend werden Fragezeichen und Ergänzungen besprochen und jeder Schüler nimmt ggf. für seine eigene Geschichte Korrekturen vor. Parallel sollte die Lehrkraft, auch schon während die Schüler miteinander arbeiten, versuchen, solche mit Fragezeichen markierten Symbole im Balkendiagramm zu besprechen. Außerdem sollte hier explizit auf Regel 3 (Unterstützung geben und helfen lassen) hingewiesen werden.

4.3.3 Selbstbewertung und Verhaltensfeedback

- Schaut wieder nach vorn. Ich zeige euch auf der Folie an meinem Balkendiagramm, wie ihr euer eigenes Balkendiagramm ausfüllen sollt. In der linken Balkenreihe haben wir die Symbole für die *Person*, den *Ort*, die *Handlungsschritte* und das *Ende* angekreuzt. In die leeren Kästchen daneben macht ihr jeweils einen Haken, wenn ihr diese W-Fragen wirklich in eurer Geschichte beantwortet habt. Es dürfen nur die Symbole abgehakt werden, für die ihr eine passende Textstelle in euren Geschichten unterstrichen habt. Wenn ihr in eurer Geschichte zum Beispiel eine Textstelle mit „P" findet, hakt ihr das leere Kästchen neben der *Person* ab.

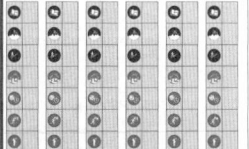

L7 + S5

- Denkt daran, dass ihr das Kästchen für die *Handlungsschritte* nur abhaken dürft, wenn ihr

5 verschiedene Verben in euren Geschichten gefunden habt, die beschreiben, was eure Hauptperson alles tut. Jeder bekommt sein eigenes Balkendiagramm von mir. Fangt mit dem Abhaken der W-Fragen an. Ihr habt ausreichend Zeit. Arbeitet genau!

- Schaut wieder nach vorn. Ich möchte euch zeigen, wie ihr eure Geschichte bewerten sollt. Wenn ihr alle angekreuzten Ws abhaken könnt, habt ihr euer Ziel genau erreicht. Wenn ihr weniger Haken als Kreuze machen könnt, müsst ihr beim nächsten Mal noch besser auf die Ws achten.
- Während ihr euch anschaut, ob ihr eure Ziele erreicht habt und was ihr beim nächsten Mal besser machen könnt,

S4

gebe ich jedem von euch sein Smiley-Protokoll zurück. Darauf seht ihr, wie gut ihr euch an die Regeln gehalten habt.
- Eure Geschichten sammle ich ein, da wir später damit weiterarbeiten werden.

Tutorielle Arbeitsform

Nachdem die Schüler individuell ihre Balkendiagramme ausgefüllt haben, tauschen sie diese, inkl. ihrer Geschichten, gegenseitig aus. Jeder Schüler prüft für den anderen, ob er für alle abgehakten Symbole passende Textstellen in der Geschichte finden kann. Korrekt gesetzte Haken werden durch einen weiteren Haken gekennzeichnet. Unstimmigkeiten werden durch Fragezeichen markiert. Die Lehrkraft sollte, schon während die Schüler miteinander arbeiten, versuchen, solche mit Fragezeichen markierten Symbole im Balkendiagramm zu besprechen. Außerdem sollte hier explizit auf Regel 3 (Unterstützung geben und helfen lassen) hingewiesen werden.

5 Trainingsbaustein 3

Inhalt	Dauer[5]
Wiederholung	**45 Minuten**
Wiederholung in Interaktion mit den Schülern	15 Minuten
Übungen aus dem Aufgabenpool	30 Minuten
S2 Verhaltenskärtchen; S3 Schreibkärtchen **L7 Folie Balkendiagramm**	
Der Geschichtenplan	**45 Minuten**
Zeigen und Erläutern	10 Minuten
Ausfüllen des Geschichtenplans	35 Minuten
L8 Folie Geschichtenplan; Tafelbild	
Reizwortgeschichte	**90 Minuten**
Zielsetzung und Planung	30 Minuten
Schreiben	20 Minuten
Selbstkontrolle	20 Minuten
Selbstbewertung und Verhaltensfeedback	20 Minuten
L7 Folie Balkendiagramm; S5 Balkendiagramm **S7 Geschichtenplan inkl. Reizwörter; Tafelbild; S4 Smiley-Protokoll**	

Festlegung der Zeitvorgaben und Arbeitsformen
- Unter 5.3.1 Geschichtenplan selbstständig ausfüllen
- Unter 5.3.2 Geschichte selbständig schreiben
- Unter 5.3.3 W-Fragen in Geschichten selbstständig unterstreichen
- Nach 5.3.3 Pause vor Abhaken im Balkendiagramm einplanen
- Ggf. tutorielle Arbeitsformen einplanen (Geschichtenplan, Selbstkontrolle, Balkendiagramm)

Organisation von Materialien und Schreibplatz
- Nach 5.1 Verhaltenskärtchen und Schreibkärtchen an der oberen Tischkante platzieren/nach 5.3.3 Schreibkärtchen einsammeln

- Unter 5.2.2 Tafelbild Reizworte erstellen
- Unter 5.3.1 Balkendiagramm einsammeln/unter 5.3.4 Balkendiagramme austeilen
- Nach 5.3.2 Geschichtenpläne einsammeln
- Unter 5.3.3 Tafelbild Geschichte Timo erstellen
- Nach 5.3.4 Schülertexte und Smiley-Protokolle einsammeln

5.1 Wiederholung

Die Lehrkraft:
- wiederholt die Verhaltensregeln;
- erläutert A-H-A-Struktur und 7-W-Fragen;
- zeigt und erläutert das Balkendiagramm.

Die Schüler:
- erhalten Verhaltens- und Schreibkärtchen.

---

5 Die Lehrkraft sollte die Zeitvorgaben gemäß der Lernstände ihrer Schüler anpassen.

5.1.1 Verhaltensregeln

S2

- Ich möchte mit euch die Regeln wiederholen, die ihr beim Schreiben und bei der Partnerarbeit beachten sollt. Wer kann sich erinnern, wofür ich Smileys vergebe?
- Ich teile euch die Verhaltenskärtchen aus. Ihr seht darauf für jede Regel ein passendes Symbol. Wie lauten die 3 Regeln?
- Wir haben besprochen, dass ich mir genau ansehe, ob ihr euch an die Regeln haltet. Immer, wenn ich während des Schreibens bemerke, dass sich einer von euch nicht an die Regeln „Schreibzeit richtig nutzen!" und „Hilfsmittel genau benutzen!" hält, gehe ich zu seinem Schreibplatz und deute auf dem Verhaltenskärtchen auf das passende Symbol. Außerdem werdet ihr auch heute wieder zu zweit zusammenarbeiten. Ich werde mir ansehen, ob ihr euren Partner unterstützt und euch helfen lasst. Legt das Verhaltenskärtchen an die obere Tischkante.

5.1.2 A-H-A Struktur und 7-W-Fragen Strategie

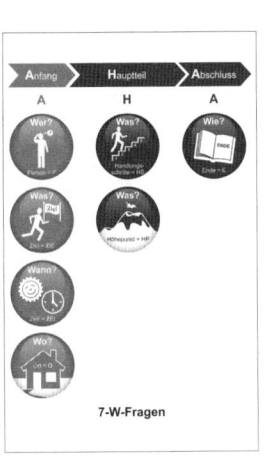

S3

- Jetzt möchte ich mit euch wiederholen, worauf ihr beim Schreiben der Geschichte achten sollt. Dazu teile ich euch das Schreibkärtchen aus.
- Aus welchen Teilen besteht eine Geschichte?
- Was wird im ersten Teil einer Geschichte erzählt? Wer kann mir sagen, was im Hauptteil der Geschichte erzählt wird? Worauf achtet ihr beim Abschluss der Geschichte?
- Legt das Schreibkärtchen neben das Verhaltenskärtchen an die obere Tischkante.

5.1.3 Balkendiagramm

- Auf der Folie seht ihr das Balkendiagramm. Die Reihen mit den Symbolen füllt ihr aus bevor ihr mit dem Schreiben beginnt und die leeren Kästchen daneben hakt ihr ab, wenn ihr fertig mit dem Schreiben eurer Geschichte seid. Vor dem Schreiben tragt ihr eure Schreibziele ein und nach dem Schreiben prüft ihr, ob ihr eure Ziele erreicht habt.
- Wichtig ist, dass ihr euch nicht alle W-Fragen als Ziele für das Schreiben eurer Geschichte vornehmt.
- Ihr sollt in dem Balkendiagramm also nur die Symbole ankreuzen, die euch am leichtesten fallen (*Person* und *Ort*), und die W-Fragen-Symbole, die euch am schwersten fallen (z. B. *Handlungsschritte* oder das *Ziel* der Person).
- Nach dem Schreiben prüft ihr in euren Texten, ob ihr die W-Fragen beantwortet habt. Für jede beantwortete W-Fragen könnt ihr das passende Symbol abhaken. Es kommt besonders darauf an, dass ihr alle angekreuzten Ws abhaken könnt, denn dann habt ihr euer Schreibziel genau erreicht. Wenn ihr weniger Haken als Kreuze machen könnt, habt ihr euer Ziel nicht erreicht.

L7

5.2 Der Geschichtenplan

> Vgl. Videosequenz 4: Geschichtenplan
>
> Die Lehrkraft:
> – erläutert Aufbau und Anwendung des Geschichtenplans;
> – demonstriert die Anwendung des Geschichtenplans anhand einer Reizwortgeschichte;
> – überwacht das Vorgehen der Schüler beim Ausfüllen des Geschichtenplans.
>
> Die Schüler:
> – üben anhand der Beispielgeschichte Skirennen das Ausfüllen des Geschichtenplans.

5.2.1 Zeigen und Erläutern

- Das ist der *Geschichtenplan*. Ihr seht die Symbole für die W-Fragen. Welche Ws sind am Anfang der Geschichte wichtig? Welche Ws brauchen wir im Hauptteil und was kommt nach dem Hauptteil?

L8

- Bevor ihr mit dem Schreiben beginnt, überlegt ihr euch, worum es in eurer Geschichte gehen soll. Für jede W-Frage braucht ihr eine Idee. Damit ihr keine Idee vergesst, schreibt ihr Stichworte dafür in die Zeile neben das passende W-Fragen-Symbol.
- Warum gibt es für den Hauptteil so viele leere Zeilen?
  ○ Längster Teil der Geschichte
  ○ In mindestens 5 Handlungsschritten erzählen, worum es in der Geschichte gehen soll
  ○ Höhepunkt besonders spannend

5.2.2 Ausfüllen
des Geschichtenplans

- Wir wollen gemeinsam eine Reizwortgeschichte planen. Ihr seht die 3 Reizworte an der Tafel: Peter, wandern, Sturm.
- Mit dem Geschichteplan überlegen wir uns, worum es in dieser Geschichte gehen soll.
- Eines der Reizworte lautet „Peter". Welche W-Frage ist damit beantwortet? Ich schreibe „Peter" neben das Symbol für die *Hauptperson*.
- Vorgegeben ist auch das Wort „wandern". Was ist das für ein Wort? Zu welcher W-Frage gehört dieses Wort?
- Es kann sein, dass Peter wandert. Das ist ein *Handlungsschritt*. Ich trage das Verb in die Leerzeile neben dem Symbol für die *Handlungsschritte* ein. Ich schreibe das Verb in die Mitte, weil Peter vorher vielleicht noch mehr macht und wir uns das später überlegen.
- In der Geschichte kommt ein „Sturm" vor. Zu welcher W-Frage könnte dieses Wort passen?
- Es kann sein, dass plötzlich ein Sturm aufkommt während Peter wandert. Das könnte eine besonders spannende Stelle in der Geschichte sein. Ich trage „Sturm" in die Zeile neben dem *Höhepunkt* ein.
- Ihr seht, dass unser Geschichtenplan nicht vollständig ausgefüllt ist. Die fehlenden Ws müssen wir noch überlegen. Schließt eure Augen und versucht euch etwas zu den Wörtern „Peter, wandern und Sturm" vorzustellen.
- Jeder sagt mir kurz, was er gesehen hat.
- Wir haben viele verschiedene Ideen gehört. Es ist toll, dass ihr so viel Fantasie habt. Ausnahmsweise füllen wir heute einen Geschichtenplan gemeinsam aus. Deswegen einigen wir uns jeweils auf eine Idee.
- Viele haben einen Jungen gesehen, der auf einem Berg wandert. Und plötzlich kommt heftiger Wind auf und es beginnt stark zu regnen. Wahrscheinlich hat der Junge Angst.
- Ihr könnt euch nun vorstellen, was der Kern unserer Geschichte ist. Es fehlt noch ein Gerüst. Dafür müssen wir uns noch passende Ideen überlegen.
- Wir beginnen mit dem Anfang. Hier fehlen *Zeit*, *Ort* und *Ziel* der Hauptperson. Aber auch zu Peter wissen wir noch wenig. Wer hat eine Idee, wann die Geschichte beginnen könnte? Wir einigen uns auf [...] und ich trage [...] in die leere Zeile neben das Symbol für die *Zeit* ein.
- Wer hat eine Idee, wo die Geschichte beginnen könnte? Wir einigen uns auf [...] und ich trage [...] in die leere Zeile neben das Symbol für den *Ort* ein.
- Wer kann sagen, was Peter zu Beginn der Geschichte vorhat? Wir einigen uns auf [...] und ich trage [...] in die leere Zeile neben das Symbol für das *Ziel* ein.
- Im Hauptteil steht bis jetzt nur „wandern". Wer hat eine Idee, wie wir noch beschreiben können, was in unserer Geschichte passieren soll? Was macht Peter auf seiner Wanderung? Wir einigen uns auf [...] und ich trage diese Handlungsschritte in die leeren Zeilen neben das Symbol für die *Handlungsschritte* ein.
- Beim *Höhepunkt* steht „Sturm". Warum könnte das eine spannende Stelle in unserer Geschichte sein? Was könnte passieren? Wir einigen uns auf [...] und ich trage [...] in die leere Zeile neben das Symbol für den *Höhepunkt* ein. Außerdem überlegen wir uns, wie sich Peter fühlt und was er denkt.
- Bis jetzt ist das Ende offen. Wie geht unsere Geschichte aus? Wie fühlt sich Peter am Ende der Geschichte? Wir einigen uns auf [...] und ich trage [...] in die leere Zeile neben das Symbol für das *Ende* ein.
- Jetzt haben wir alle Stichpunkte überlegt und könnten mit dem Schreiben beginnen.

5.3 Reizwortgeschichte

Die Schüler:
- tragen ihre Schreibziele in das Balkendiagramm ein;
- planen eine Reizwortgeschichte mit Hilfe des Geschichtenplans;
- schreiben die Reizwortgeschichte;
- kontrollieren ihre Geschichten mit Hilfe des Schreibkärtchens;

– bewerten ihre Geschichten anhand des Balkendiagramms.

Die Lehrkraft:
– registriert und protokolliert regelabweichendes Verhalten in der Planungs- und Schreibphase;
– macht die Schüler auf Regelverstöße aufmerksam;
– füllt die Smiley-Protokolle aus;
– erteilt individuelles Feedback zum Arbeitsverhalten.

5.3.1 Zielsetzung und Planung

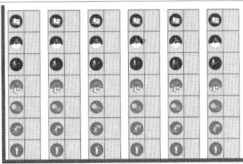

L7 + S5

• Ihr sollt eine Reizwortgeschichte planen und schreiben. Bevor ihr damit anfangt, sollt ihr euch Ziele setzen. Ich zeige euch an meinem Balkendiagramm, wie ihr eure Ziele eintragen sollt. Ich kreuze zuerst die beiden Symbole an, die mir am leichtesten fallen, das sind *Person* und *Ort*.- Außerdem kreuze ich die Symbole an, die mir am schwersten fallen. Zum Beispiel fällt es mir schwer, die Frage nach dem *Ziel* der Hauptperson zu beantworten. Außerdem kreuze ich das Symbol für die *Handlungsschritte* an, weil es schwierig ist, an alle 5 Handlungsschritte zu denken. Außerdem vergesse ich oft zu schreiben, wie die Geschichte ausgeht, und kreuze deswegen das *Ende* an.
• Ihr sollt euch heute dieselben Ziele vornehmen. Jeder bekommt sein eigenes Balkendiagramm von mir. In den ersten beiden Balkenreihen seht ihr eure Eintragungen vom letzten Mal. Die beiden Balkenreihen daneben sind für die heutige Geschichte. Jeder kreuzt 4 Symbole an: die *Person*, das *Ziel*, den *Ort*, die *Handlungsschritte* und das *Ende*.
• Ich sammle eure Balkendiagramme ein und gebe sie euch nach dem Schreiben zurück, damit ihr eure Geschichte kontrollieren und bewerten könnt.
• Ihr bekommt den Geschichtenplan von mir. Legt den Plan direkt vor euch. Das Verhaltenskärtchen kommt an die obere Tischkante. Ihr sollt auch beim Planen die Regeln beachten. Ich schaue mir an, ob ihr „die Zeit zum Planen richtig nutzt" und „den Geschichtenplan genau ausfüllt". Je besser ihr euch daran haltet, desto

mehr Smileys bekommt ihr nach der Stunde von mir.
• Schaut auf euren Geschichtenplan. Oben darauf stehen die Reizworte, zu denen ihr eine Geschichte schreiben sollt. Die Reizworte lauten: Christian, klettern, Baumkrone. Wer weiß, welche W-Fragen damit beantwortet wurden? Tragt die entsprechenden Stichworte in euren Geschichtenplan ein *(ca. 2 Minuten)*.
• Jeder schließt seine Augen und versucht, sich etwas zu den Wörtern „Christian, klettern, Baumkrone" vorzustellen *(ca. 2 Minuten)*.
• Auf eurem Plan sind noch nicht alle Leerzeilen ausgefüllt. Überlegt nacheinander Stichworte für jede W-Frage und tragt diese in die passenden Leerzeilen ein. Heute ist unsere erste Regel besonders wichtig. Ihr habt ausreichend Zeit zum Planen. Ich gebe euch zwischendurch Hinweise, damit ihr wisst, ob ihr gut in der Zeit liegt. Ich möchte, dass ihr versucht, euch daran zu halten.

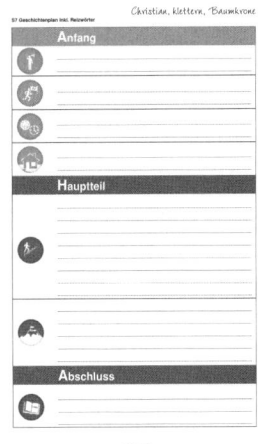

S7

Tutorielle Arbeitsform

Nachdem die Schüler individuell an ihren Geschichtenplänen gearbeitet haben, überprüfen sie gegenseitig ihre ausgefüllten Geschichtenpläne. Jeder Schüler beantwortet dabei 3 Fragen: Welche Ideen haben mir gut gefallen? Passen alle Stichpunkte zu den Symbolen? Gibt es Symbole ohne Stichpunkte? Ideen, die nicht zum Symbol passen oder Symbole ohne Stichpunkte, werden durch ein Fragezeichen gekennzeichnet und anschließend besprochen. Ggf. entwickeln beide Schüler gemeinsam neue Ideen bis der Geschichtenplan korrekt und vollständig ausgefüllt ist. Die Lehrkraft sollte, schon während die Schüler miteinander arbeiten, versuchen, solche mit Fragezeichen markierten Symbole im Geschichtenplan zu besprechen. Außerdem sollte hier explizit auf Regel 3 (Unterstützung geben und helfen lassen) hingewiesen werden.

5.3.2 Schreiben

• Aus den Stichworten schreibt ihr eure Geschichte. Jeder liest die Stichworte für seinen Geschichtenanfang auf dem Geschichtenplan. Stellt euch den Anfang eurer Geschichte vor.

- Schreibt euren Geschichtenanfang. Jeder Schüler hat ausreichend Zeit. Ich gebe euch zwischendrin einen Hinweis, damit ihr wisst, ob ihr gut in der Zeit liegt. Versucht, euch danach zu richten.
- Jeder liest die Stichworte für seinen Geschichtenhauptteil auf dem Geschichtenplan. Stellt euch vor, was eure Hauptperson nacheinander tut. Stellt euch die spannendste Stelle in eurer Geschichte vor.
- Schreibt euren Geschichtenhauptteil. Jeder Schüler hat ausreichend Zeit. Ich gebe euch zwischendrin einen Hinweis, damit ihr wisst, ob ihr gut in der Zeit liegt. Versucht, euch danach zu richten.
- Jeder liest die Stichworte für das Ende seiner Geschichte. Stellt euch vor, wie es eurer Hauptperson am Ende geht.
- Schreibt euer Geschichtenende. Zwischendrin gebe ich euch wieder Bescheid, wie weit ihr sein solltet. Wer mit seiner Geschichte fertig ist, meldet sich.
- Ich sammle eure Geschichtenpläne ein. Vor euch liegt eure geschriebene Geschichte. Legt euch das Schreibkärtchen direkt neben euer Blatt.

5.3.3 Selbstkontrolle

- Ihr sollt eure Geschichte satzweise lesen. Wenn ihr einen Satz gelesen habt, schaut ihr auf das Schreibkärtchen und überlegt, ob in dem Satz eine W-Frage beantwortet wurde. Wenn ihr eine passende findet, unterstreicht ihr die Stelle im Satz. Darüber schreibt ihr die entsprechende Abkürzung. Schaut auf euer Schreibkärtchen, um die richtige Abkürzung zu verwenden. Beginnt nun mit eurem Geschichtenanfang. Ihr habt ausreichend Zeit. Ich helfe euch, eure Zeit gut einzuteilen. Denkt auch an die zweite Regel: Schaut auf das Schreibkärtchen.
- Bevor ihr mit eurem Hauptteil weitermacht, möchte ich euch anhand der Beispielgeschichte Timo zeigen, wie ich dabei vorgehe. Ihr seht die kurze Geschichte an der Tafel.
- Timo ging durch den Wald. Plötzlich sah er ein Wildschwein. Er hatte große Angst und rannte weg.
- In dieser Geschichte gibt es 2 Verben, die beschreiben, was Timo tut. Ich unterstreiche „sah" und schreibe ein „HS1" darüber. „HS" steht für *Handlungsschritte* und die „1" verwende ich, weil es das erste Verb ist. Ich unterstreiche

„rannte" und schreibe „HS2" darübe. „HS" steht für die *Handlungsschritte,* und ich schreibe eine „2" darüber, weil es das zweite Verb ist, das beschreibt, was Timo tut. Ihr dürft ein Verb nicht mehrmals zählen!

- Beginnt nun mit eurem Geschichtenhauptteil. Ihr habt ausreichend Zeit. Ich helfe euch, eure Zeit gut einzuteilen. Denkt auch an die zweite Regel: Schaut auf das Schreibkärtchen.
- Lest euren Hauptteil noch einmal und findet die spannendste Stelle in eurer Geschichte. Unterstreicht diese und schreibt die Abkürzung darüber. Schaut dafür auf euer Schreibkärtchen.
- Lest euer Geschichtenende und unterstreicht die Stellen, die beschreiben, wie sich eure Hauptperson fühlt und was sie zum Abschluss macht. Wenn ihr fertig seid, dürft ihr euer Schreibkärtchen abgeben. Jeder von euch hat sich eine Pause verdient.

Tutorielle Arbeitsform

Nachdem die Schüler ihre Geschichten individuell kontrolliert haben, lesen sie die Geschichte des anderen komplett leise durch. Jeder Schüler prüft, ob die unterstrichenen Satzstellen korrekt bezeichnet wurden. Bei Unstimmigkeiten wird die entsprechende Textstelle durch ein Fragezeichen markiert. Wenn Antworten auf W-Fragen vergessen wurden, werden diese mit einer anderen Farbe unterstrichen und bezeichnet. Abschließend werden Fragezeichen und Ergänzungen besprochen und jeder Schüler nimmt ggf. für seine eigene Geschichte Korrekturen vor. Parallel sollte die Lehrkraft, auch schon während die Schüler miteinander arbeiten, versuchen, solche mit Fragezeichen markierten Symbole im Balkendiagramm zu besprechen. Außerdem sollte hier explizit auf Regel 3 (Unterstützung geben und helfen lassen) hingewiesen werden.

5.3.4 Selbstbewertung und Verhaltensfeedback

- Ihr bekommt eure Balkendiagramme. In eurer linken Balkenreihe sind die Symbole für die *Person*, das *Ziel*, den *Ort*, die *Handlungsschritte* und das *Ende* angekreuzt.
- In die rechte Balkenreihe tragt ihr ein, ob ihr diese W-Fragen wirklich in euren Geschichten beantwortet habt. Ihr dürft nur die W-Fragen-Symbole abhaken, die ihr in euren Texten gefunden habt.

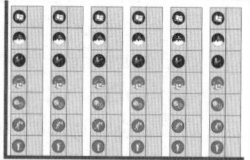

S5

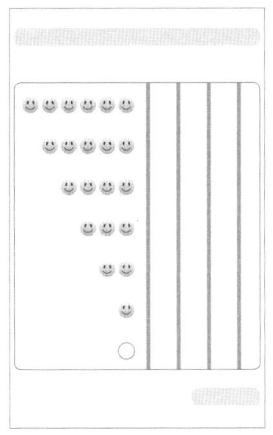

S4

Während ihr arbeitet, schaue ich mir an, ob ihr das Balkendiagramm richtig einsetzt und euch noch gut auf euren Text konzentriert.

- Während ihr arbeitet, gebe ich jedem von euch sein Smiley-Protokoll zurück. Darauf seht ihr, wie gut ihr euch an die Regeln gehalten habt. Außerdem werde ich jedem von euch sagen, auf welche Regel er besonders gut oder weniger gut geachtet hat.

Tutorielle Arbeitsform

Nachdem die Schüler individuell ihre Balkendiagramme ausgefüllt haben, tauschen sie diese inkl. ihrer Geschichten gegenseitig aus. Jeder Schüler prüft für den anderen, ob er für alle abgehakten Symbole passende Textstellen in der Geschichte finden kann. Korrekt gesetzte Haken werden durch einen weiteren Haken gekennzeichnet. Unstimmigkeiten werden durch Fragezeichen markiert. Die Lehrkraft sollte, schon während die Schüler miteinander arbeiten, versuchen, solche mit Fragezeichen markierten Symbole im Balkendiagramm zu besprechen. Außerdem sollte hier explizit auf Regel 3 (Unterstützung geben und helfen lassen) hingewiesen werden.

6 Trainingsbaustein 4

Inhalt	Dauer[6]
Wiederholung	**45 Minuten**
Wiederholung in Interaktion mit den Schülern	15 Minuten
Übungen aus dem Aufgabenpool	30 Minuten
S2 Verhaltenskärtchen; S3 Schreibkärtchen **L7 Folie Balkendiagramm**	
Die Checkliste	**45 Minuten**
Zeigen und Erläutern	10 Minuten
Ausfüllen der Checkliste	15 Minuten
Überarbeiten mit der Checkliste	20 Minuten
L9 Folie Checkliste; S8 Gekürzte Beispielgeschichte Skirennen + Markierungen **L10 Ausgefüllte Checkliste; S9 Ausgefüllte Checkliste** **L11 Folie Gekürzte Beispielgeschichte Skirennen + Markierungen**	
Fantasiegeschichte	**90 Minuten**
Zielsetzung	5 Minuten
Planung	15 Minuten
Schreiben	20 Minuten
Kontrolle	15 Minuten
Überarbeitung	20 Minuten
Selbstbewertung und Verhaltensfeedback	15 Minuten
S5 Balkendiagramm; S10 Geschichtenplan **S11 Fantasiebild; S12 Checkliste** **S4 Smiley-Protokoll**	

Festlegung von Zeitvorgaben und Arbeitsformen
- Unter 6.3.2 Geschichtenplan selbstständig ausfüllen
- Unter 6.3.3 Geschichte selbstständig schreiben
- Unter 6.3.4 W-Fragen in Geschichten selbstständig unterstreichen und Checkliste ausfüllen
- Unter 6.3.5 fehlende W-Fragen im Text ergänzen
- Unter 6.3.6 Balkendiagramm ausfüllen

- Ggf. tutorielle Arbeitsformen einplanen (Geschichtenplan, Checkliste)

Organisation von Materialien und Schreibplatz
- Nach 6.1 Verhaltenskärtchen und Schreibkärtchen an der oberen Tischkante platzieren
- Unter 6.3.1 Balkendiagramm einsammeln/unter 6.3.6 Balkendiagramme austeilen
- Nach 6.3.3 Geschichtenpläne einsammeln
- Nach 6.3.6 Schülertexte und Smiley-Protokolle einsammeln

---

6 Die Lehrkraft sollte die Zeitvorgaben gemäß der Lernstände ihrer Schüler anpassen.

6.1 Wiederholung

Hinweise zur Gestaltung der Wiederholung können den entsprechenden Angaben im Trainingsbaustein 3 (s. S. 35) entnommen werden.

6.2 Die Checkliste

Vgl. Videosequenz 5/6: Ausfüllen Checkliste/ Überarbeiten mit Checkliste

Die Lehrkraft:
– erläutert Aufbau und Anwendung der Checkliste;
– demonstriert die Kontrolle der Beispielgeschichte Skirennen anhand der Checkliste;
– demonstriert die Überarbeitung der Beispielgeschichte Skirennen anhand der Checkliste.

6.2.1 Zeigen und Erläutern

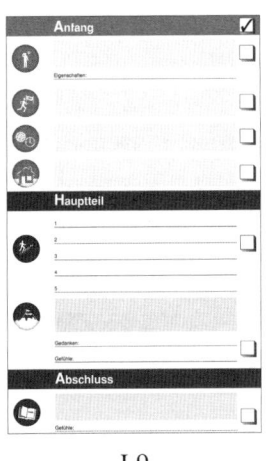

L9

- Das ist die *Checkliste*. Die benutzt ihr, wenn ihr mit dem Schreiben einer Geschichte fertig seid. Der Geschichtenplan sieht so ähnlich aus. Den verwendet ihr vor dem Schreiben. Auf der linken Seite stehen die 7 Symbole für die 7 W-Fragen, die in einer Geschichte beantwortet werden sollen. Auf der rechten Seite steht für jedes Symbol ein Kästchen zum Abhaken. In der Mitte ist je Symbol Platz vorgesehen, damit ihr etwas eintragen könnt.
- Ich erkläre euch wie die Checkliste funktioniert: Wenn ihr mit dem Schreiben fertig seid, lest ihr die Geschichte Satz für Satz durch. Wenn ihr eine Antwort auf eine W-Frage in einem Satz findet, unterstreicht ihr diese Textstelle in eurer Geschichte. Für diese Textstelle sucht ihr das passende Symbol auf der Checkliste und tragt die Antwort aus eurer Geschichte in den leeren Kasten rechts daneben ein. In jeden Kasten gehört mindestens eine passende Textstelle aus eurer Geschichte.
- Ich zeige euch, wie die Checkliste funktioniert.

6.2.2 Ausfüllen der Checkliste

- Ich lese euch die Geschichte Skirennen laut vor. Ihr kennt die Geschichte schon. Hört trotzdem gut zu.

Das Skirennen

Peter hat Winterferien. In den letzten Tagen ist sehr viel Schnee gefallen. Der Junge wohnt in einem Ort, der mitten in den Bergen liegt. An diesem Tag treffen sich Peter und Klaus an ihrem Lieblingsberg.

Kaum sind die beiden Jungen oben auf dem Berg angekommen, ruft Peter seinem Freund auch schon entgegen: „Auf los geht es los!" Blitzschnell schießt Klaus los. Peter jagt ihm hinterher. Plötzlich läuft ein Kind aus dem Wald direkt auf die Piste zu. Peter bemerkt sofort, dass Klaus das Kind nicht sieht. In Panik brüllt er seinem Freund entgegen: „Achtung Klaus, links!" Peter befürchtet, dass die beiden zusammen stoßen könnten. Dann endlich blickt Klaus nach links und dreht blitzschnell nach rechts ab. In diesem Moment macht auch das Kind eine Kehrtwende und stapft an den Rand der Piste zurück, von wo aus die besorgte Mutter bereits nach ihm ruft. Peter und Klaus beenden ihr Rennen. Sie bremsen mit einer scharfen Rechtskurve ab und lassen sich in den Schnee fallen.

Spontan entscheiden sich die beiden Jungen, heute kein weiteres Wettrennen zu veranstalten. Stattdessen klettern sie den Berg hinauf und machen eine ausgelassene Schneeballschlacht.

- Jeder bekommt ein Blatt mit der *Geschichte Skirennen* von mir. Ihr seht, dass in der Geschichte schon Textstellen unterstrichen sind. Wir wollen jede Textstelle dem passenden Symbol auf der Checkliste zuordnen und gemeinsam die Checkliste auf dieser Folie ausfüllen.
- Wir beginnen mit dem ersten Abschnitt in der Geschichte. Nennt mir die erste unterstrichene Stelle darin. „Peter" ist die Hauptperson. Ich schreibe „Peter" in den passenden Kasten auf die Folie. Können wir jetzt das

S8

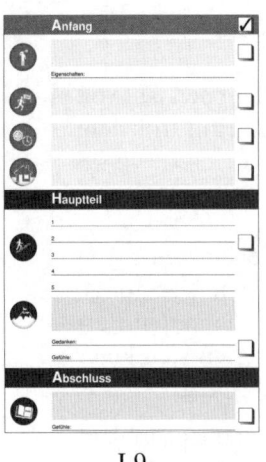

L9

Kästchen für die Hauptperson abhaken? Nein, denn die Eigenschaften von Peter sind noch nicht beschrieben.
- Was ist als nächstes unterstrichen? Im Text ist „Winterferien" unterstrichen. Das ist die Antwort auf die Frage, wann die Geschichte spielt. Ich schreibe „Winterferien" in den passenden Kasten. Anschließend mache ich einen Haken in das Kästchen neben der Zeit, da diese W-Frage im Text vorhanden ist.
- Wer kann mir sagen, was die nächste unterstrichene Textstelle ist und wo ich diese Textstelle [Ort, der mitten in den Bergen liegt] eintragen muss? Das ist die Antwort auf die Frage nach dem Ort, in dem die Geschichte spielt. Auch hier kann ich das Kästchen abhaken, da die W-Frage im Text beantwortet ist.
- Schaut in den zweiten Abschnitt eurer Geschichte. Welche Wörter sind hier unterstrichen und zu welchem Symbol gehören sie? Die Verben stehen im Hauptteil für die Handlungsschritte und beschreiben, was Peter nacheinander tut. Ihr könnt mir helfen und die Wörter nacheinander vorlesen, damit ich sie in die Leerzeilen auf der Checkliste eintragen kann. Ich trage „rufen" und „jagen" in die Leerzeilen ein. Kann ich das Kästchen für die Handlungsschritte jetzt abhaken? Nein, denn es stehen nur 2 Verben im Text, die beschreiben, was Peter tut. Um das Kästchen abhaken zu können, müssen aber mindestens 5 Verben im Text vorhanden sein.
- Nennt mir die nächste unterstrichene Textstelle. [Plötzlich läuft ein Kind aus dem Wald direkt auf die Piste zu.] Wer kann mir sagen, zu welchem Symbol diese Stelle passt? An dieser Stelle ist es besonders spannend. Das ist der Höhepunkt. Ich trage den Satz in den Kasten auf der Checkliste ein. Darunter sind Leerzeilen, in die ihr eintragen könnt, wie sich Peter fühlt und was er denkt. Im Text sind passende Wörter unterstrichen. „In Panik" und „befürchtet" beschreiben, dass Peter große Angst hat. Ich schreibe die Wörter in die Leerzeile neben Gefühle. Das Kästchen für den Höhepunkt darf ich aber noch nicht abhaken, da noch nicht beschrieben ist, was Peter denkt.
- Schaut in den letzten Abschnitt in eurer Geschichte. Was ist hier unterstrichen? Was wird

damit beschrieben und zu welchem Symbol passen diese Stellen? [machen eine ausgelassene Schneeballschlacht]. Darf ich das Kästchen für das Ende abhaken? Nein, denn wir haben noch nicht erfahren, wie sich Peter fühlt.
- Ich habe alle Textstellen zugeordnet und schaue mir an, welche Symbole ich noch nicht abhaken konnte:
  ○ Bei der Person fehlt der Haken, weil ich noch nichts über Peters Eigenschaften geschrieben habe.
  ○ Das Kästchen für das Ziel konnte nicht abgehakt werden, da nicht beschrieben ist, was die Person vorhat.
  ○ Die Handlungsschritte konnte ich nicht abhaken, weil noch mindestens drei Verben fehlen, die beschreiben, was Peter tut.
  ○ Der Höhepunkt ist noch nicht abgehakt, da die Gedanken von Peter im Text nicht beschrieben werden.
  ○ Am Ende fehlt der Haken, weil nicht beschrieben ist, wie sich Peter fühlt.

6.2.3 Überarbeiten mit der Checkliste

Stichworte für Verbesserungen überlegen

- Ich sammle die Blätter mit den Geschichten wieder ein. Ihr sollt nach vorne schauen.
- Ihr seht auf der Checkliste, dass wir die Checkliste nicht vollständig ausfüllen konnten. Wir müssen uns überlegen, wie wir unsere Geschichte verbessern können. Alles, was fehlt, ergänze ich zuerst auf der Checkliste. Das funktioniert ähnlich wie mit dem Geschichtenplan. Die neuen Stichworte füge ich mit einem roten Stift ein.

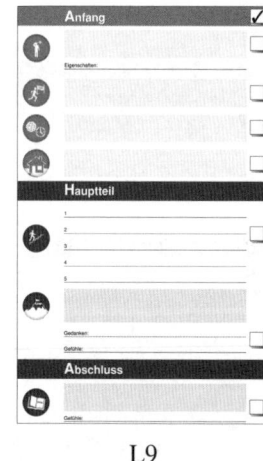

L9

- Auf der Checkliste fehlen als erstes „Eigenschaften" für Peter. Ich überlege mir als erstes, welche „Eigenschaften" Peter haben könnte. Ich habe mir überlegt, dass Peter bestimmt sportlich ist und trage „sportlich" in die Leerzeile neben Eigenschaften auf der Checkliste ein.
- Als nächstes muss ich in dem Kasten neben dem Ziel etwas ergänzen. Wer hat eine Idee, welches Ziel Peter in der Geschichte verfolgen

L10

S9

könnte? Ich habe mir überlegt, dass Peter ein Wettrennen mit Klaus machen möchte und trage „Wettrennen machen" in den Kasten neben dem Ziel ein.

- Bevor wir weitermachen, lese ich euch den Hauptteil der Geschichte noch einmal vor. Hört gut zu!
- Ihr seht, dass wir auf der Checkliste für die Handlung bis jetzt nur „rufen" und „jagen" eingetragen haben. Es fehlen noch 3 Handlungsschritte. Ich glaube, dass Peter und Klaus noch einiges machen können, bevor sie oben auf dem Berg sind und das Wettrennen starten. Zum Beispiel können sie sich in die Schlange am Skilift einreihen und darauf warten, endlich auf den Berg fahren zu können. Ich trage also in die Checkliste „in die Schlange am Skilift einreihen" und „warten" ein.
- Was könnte Peter noch machen, bevor er das Kind auf die Piste laufen sieht? Ich denke, Peter könnte versuchen, Klaus einzuholen. Ich trage das in die Checkliste ein.
- Jetzt geht es mit dem spannendsten Teil in der Geschichte weiter. Ich lese euch die Stelle noch einmal vor [Plötzlich läuft ein Kind aus dem Wald direkt auf die Piste zu]. Wir erfahren hier nichts darüber, was Peter denkt. Deswegen ist noch eine Leerzeile für Peters Gedanken auf der Checkliste frei. Was könnte Peter denken? Ich trage ein: „Hoffentlich geht das gut!"
- Für den letzten Abschnitt der Geschichte müssen wir uns überlegen, wie sich Peter fühlt. Was meint ihr, wie es dem Jungen geht? Ich finde, dass Peter erleichtert und froh ist, dass alles gut ausgegangen ist. Ich trage diese Stichworte in die Checkliste ein.

Stichworte in Text einfügen

- Ihr bekommt die Checkliste von mir, mit den Stichworten, die wir gerade besprochen haben. Jetzt müssen wir aus den Stichworten Sätze formulieren und passende Stellen in der Geschichte finden, um jeden Satz einzufügen.

- Schaut auf die Checkliste, die vor euch liegt. Die Stichpunkte, die wir in die Geschichte einfügen wollen, sind farbig geschrieben. Wofür müssen wir als erstes einen Satz überlegen? Als erstes müssen wir einen Satz für Peters Eigenschaften überlegen.
- Schaut zu mir nach vorn. Auf der Folie steht der erste Abschnitt der Geschichte. Lest euch die Sätze noch einmal durch und sagt mir, an welcher Stelle ihr Peters Eigenschaften einfügen würdet. Überlegt euch einen Satz dafür. Ich schreibe diesen Satz [...] in die Leerzeile. Da wir eine Eigenschaft für Peter ergänzt haben, kann jeder von euch das Kästchen neben der Person auf der Checkliste abhaken.
- Nennt mir den nächsten farbigen Stichpunkt, für den wir einen Satz überlegen müssen. Es geht um Peters Ziel. Schaut nach vorn und sagt mir, an welcher Stelle ich das Ziel einfügen könnte. Wir einigen uns auf eine Stelle und überlegen uns einen Satz für das Ziel. Diesen Satz [...] trage ich in die Leerzeile ein. Jeder kann auf der Checkliste das Kästchen für das Ziel abhaken.
- Schaut nach vorn. Auf der Folie steht der Hauptteil der Geschichte. Lest euch die Sätze noch einmal durch. Nennt mir die 3 Verben auf eurer Checkliste, für die wir Sätze ergänzen müssen. An welcher Stelle könnte ich das erste Verb „in die Schlange am Skilift einreihen" einfügen? Das passt am besten ganz zu Beginn vom Hauptteil. Ihr seht, dass hier nicht genügend Platz ist, um alles einzufügen. Daher schreibe ich vor den ersten Satz eine 1, um zu markieren, dass ich hier einen Satz ergänzen möchte. Dann gehe ich in die erste Leerzeile nach dem Ende der Geschichte und schreibe eine 1 links an den Rand. Daneben schreibe ich

L11

den Satz, den ich in der Geschichte ergänzen möchte. Wer kann mir einen Satz für „in die Schlange am Skilift einreihen" nennen. Ich schreibe den Satz […] auf.

- Genauso mache ich es mit den beiden nächsten Sätzen. Wo kann ich einen Satz für „warten" ergänzen? Der Satz passt am besten gleich nach dem ersten Satz. Ich schreibe eine 2 neben die 1. Ich gehe an das Ende der Geschichte, schreibe eine 2 an den linken Rand und schreibe den Satz, den ich ergänzen möchte, daneben. Genauso mache ich es mit dem dritten Satz. An welcher Stelle könnte ich einfügen, dass Peter versucht, Klaus einzuholen? Das passt am besten nach dem Satz „Peter jagt ihm hinterher." Also schreibe ich eine 3 nach diesem Satz, gehe an das Ende der Geschichte und schreibe eine 3 unter die beiden Sätze, die ich schon ergänzt habe. Daneben schreibe ich den Satz, den ich einfügen möchte. Jetzt haben wir drei Handlungsverben ergänzt und jeder kann nun die Handlungsschritte auf der Checkliste abhaken.
- Für welchen farbigen Stichpunkt müssen wir als nächstes einen Satz überlegen? Es geht um Peters Gedanke „Hoffentlich geht das gut!", den er an der spannendsten Stelle in der Geschichte hat. Schaut nach vorn und sagt mir, an welcher Stelle ich diesen Gedanken einfügen könnte. Wir einigen uns auf eine Stelle und ich trage den Gedanken in die Leerzeile ein. Jeder kann nun auf der Checkliste das Kästchen für den Höhepunkt abhaken.
- Die letzten farbigen Stichpunkte beschreiben Peters Gefühle, die wir am Ende der Geschichte ergänzen müssen. Schaut nach vorn und sagt mir, an welcher Stelle ich einfügen könnte, dass Peter froh und erleichtert ist. Wir einigen uns auf eine Stelle und ich trage die Gefühle in die Leerzeile ein. Jeder kann nun auf der Checkliste das Kästchen für das Ende abhaken.
- Ihr seht auf eurer Checkliste ist nun überall ein Haken. Die Geschichte ist jetzt vollständig.

6.3 Fantasiegeschichte

Die Schüler:
- tragen ihre Schreibziele in das Balkendiagramm ein;
- planen eine Fantasiegeschichte mit Hilfe des Geschichtenplans;
- schreiben die Fantasiegeschichte;
- kontrollieren ihre Geschichten mit Hilfe der Checkliste;
- überarbeiten ihre Geschichten mit Hilfe der Checkliste;
- bewerten ihre Geschichten anhand des Balkendiagramms.

Die Lehrkraft:
- registriert und protokolliert regelabweichendes Verhalten in der Planungs-, Schreib- und Überarbeitungsphase;
- macht die Schüler auf Regelverstöße aufmerksam;
- füllt die Smiley-Protokolle aus;
- erteilt individuelles Feedback zum Arbeitsverhalten.

- Bevor ich euch die Schreibaufgabe erkläre, möchte ich, dass ihr das Verhaltenskärtchen an die obere Tischkante legt. Zunächst sind besonders die beiden ersten Regeln „Zeit richtig zu nutzen!" und „Hilfsmittel genau benutzen!" wichtig. Immer, wenn ich sehe, dass ihr euch nicht richtig an diese Regeln haltet, gehe ich zu eurem Platz und zeige euch auf dem Kärtchen, worauf ihr besser achten müsst. Je besser ihr euch an die Regeln haltet, umso mehr Smileys könnt ihr heute wieder sammeln.

6.3.1 Zielsetzung

Die Lehrkraft entscheidet für die Klasse, ob alle Schüler an denselben Zielen arbeiten oder jeder Schüler individuelle Ziele setzt. Detaillierte Instruktionen zur Zielsetzung mittels Balkendiagramm können den entsprechenden Angaben im Trainingsbaustein 2 (s. S. 30/31) entnommen werden.

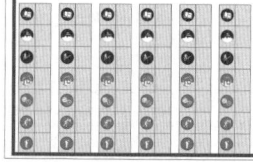

S5

6.3.2 Planung

- Ihr bekommt den Geschichtenplan von mir. Legt den Plan direkt vor euch. Außerdem teile ich euch das Fantasiebild aus. Ihr sollt eine Geschichte für euren besten Freund/eure beste Freundin schreiben und ihm/ihr darin

S10

S11

erzählen, was sich auf diesem Bild zugetragen haben könnte. Euer Freund/eure Freundin hat so etwas bestimmt noch nicht erlebt und ihr sollt deswegen besonders anschaulich beschreiben, was passiert sein könnte. Während ich euch die Materialien austeile, schaue ich mir auch an, ob euer Verhaltenskärtchen an der richtigen Stelle liegt.

- Jeder schließt seine Augen und versucht, sich etwas zu dem Fantasiebild vorzustellen *(ca. 2 Minuten).*
- Schaut jetzt auf euren Geschichtenplan. Überlegt nacheinander Stichworte für jede W-Frage und tragt diese in die passenden Leerzeilen ein. Ihr habt ausreichend Zeit zum Planen. Ich gebe euch zwischendurch Hinweise, damit ihr wisst, ob ihr gut in der Zeit liegt. Ich möchte, dass ihr versucht, euch daran zu halten. Denkt auch an die zweite Regel. Ihr sollt genau arbeiten. Das heißt, der Geschichtenplan muss vollständig ausgefüllt sein und eure Ideen müssen zu den Symbolen passen. Wenn ich sehe, dass sich ein Schüler nicht an die Regeln hält, bekommt ihr nach dem Schreiben weniger Smileys.

Tutorielle Arbeitsform

Nachdem die Schüler individuell an ihren Geschichtenplänen gearbeitet haben, überprüfen sie gegenseitig ihre ausgefüllten Geschichtenpläne. Jeder Schüler beantwortet dabei 3 Fragen: Welche Ideen haben mir gut gefallen? Passen alle Stichpunkte zu den Symbolen? Gibt es Symbole ohne Stichpunkte? Ideen, die nicht zum Symbol passen oder Symbole ohne Stichpunkte, werden durch ein Fragezeichen gekennzeichnet und anschließend besprochen. Ggf. entwickeln beide Schüler gemeinsam neue Ideen bis der Geschichtenplan korrekt und vollständig ausgefüllt ist. Die Lehrkraft sollte, schon während die Schüler miteinander arbeiten, versuchen, solche mit Fragezeichen markierten Symbole im Geschichtenplan zu besprechen. Außerdem sollte hier explizit auf Regel 3 (Unterstützung geben und helfen lassen) hingewiesen werden.

6.3.3 Schreiben

- Ihr bekommt ein Schreibblatt von mir, das direkt vor euch liegt. Daneben liegt euer Geschichtenplan. Es geht darum, dass ihr aus euren Stichworten Sätze formuliert. Denkt an die beiden Regeln.

- Jeder liest die Stichworte für seinen Geschichtenanfang auf dem Geschichtenplan. Stellt euch den Anfang eurer Geschichte vor. Schreibt euren Geschichtenanfang. Denkt daran, dass nur jede zweite Zeile auf eurem Blatt beschrieben wird. Nach jeder beschriebenen Zeile lasst ihr eine Leerzeile. Jeder Schüler hat ausreichend Zeit. Ich gebe euch zwischendrin einen Hinweis, damit ihr wisst, ob ihr gut in der Zeit liegt. Versucht, euch danach zu richten.
- Jeder liest die Stichworte für seinen Geschichtenhauptteil auf dem Geschichtenplan. Stellt euch vor, was eure Hauptperson nacheinander tut. Stellt euch die spannendste Stelle in eurer Geschichte vor. Schreibt euren Geschichtenhauptteil. Denkt an die Leerzeile. Jeder Schüler hat ausreichend Zeit. Ich gebe euch zwischendrin einen Hinweis, damit ihr wisst, ob ihr gut in der Zeit liegt. Versucht, euch danach zu richten.
- Jeder liest die Stichworte für das Ende seiner Geschichte. Stellt euch vor, wie es eurer Hauptperson am Ende geht. Schreibt euer Geschichtenende. Wer mit seiner Geschichte fertig ist, schaut, ob er zu jedem Stichpunkt einen Satz geschrieben hat.
- Wer fertig ist, meldet sich. Ich sammle eure Geschichtenpläne ein.

6.3.4 Kontrolle

- Ihr bekommt die Checkliste von mir. Achtet beim Ausfüllen der Checkliste auf die Regeln. Ich möchte sehen, dass ihr jeden Satz noch einmal lest und prüft, ob ihr eine Antwort auf eine der W-Fragen darin finden könnt. Ich möchte auch sehen, dass ihr sorgfältig und konzentriert arbeitet.

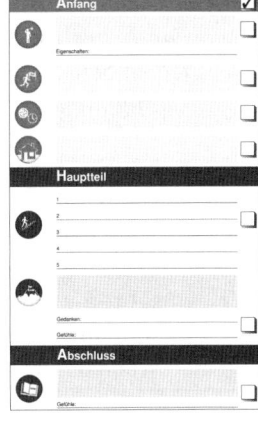

S12

- Beginnt nun damit, eure Geschichte Satz für Satz zu lesen. Immer, wenn ihr eine Antwort auf eine W-Frage entdeckt, unterstreicht ihr die Stelle im Satz und schreibt die Wörter in den passenden Kasten auf der Checkliste. Wenn eine W-Frage vollständig beantwortet ist, könnt ihr das zugehörige Kästchen auf der Checkliste abhaken.

Tutorielle Arbeitsform

Nachdem die Schüler ihre Geschichten individuell kontrolliert haben, überprüfen sie ihre ausgefüllten Checklisten gegenseitig in 2er-Teams. Sie tauschen ihre Geschichten inkl. der Checklisten aus. Es wird geprüft, ob die Eintragungen in der Checkliste zu den Symbolen passen. Korrekt gesetzte Haken werden nochmals abgehakt. Abweichende Eintragungen werden durch ein Fragezeichen markiert und anschließend gemeinsam am Text besprochen. Ggf. korrigiert der Verfasser Eintragungen in seiner Checkliste. Die Arbeit ist beendet, wenn jeder gesetzte Haken vom Teampartner bestätigt werden konnte. Die Lehrkraft sollte hier explizit auf Regel 3 (Unterstützung geben und helfen lassen) hinweisen.

6.3.5 Überarbeitung

- Ich habe gesehen, dass jeder von euch seine Checkliste noch nicht vollständig ausfüllen und abhaken konnte.
- Schaut auf das erste Symbol auf eurer Checkliste, das nicht abgehakt ist. Überlegt euch, wie ihr diese W-Frage in eurer Geschichte beantworten könnt bzw. was ihr noch ergänzen könnt. Schreibt passende Ideen in den jeweiligen Kasten oder in die entsprechende Leerzeile auf der Checkliste. Benutzt eine andere Farbe dafür. Genau so macht ihr es mit allen Symbolen, die noch nicht abgehakt sind. Wenn ihr eure Checkliste komplett ausgefüllt habt, meldet euch bei mir. Ich sage euch, wie ihr weitermachen sollt.

Die Lehrkraft sollte anhand eines Beispiels mit jedem Schüler individuell besprechen wie er eine Einfügung im Text vornehmen soll.

- Überleg dir für den ersten farbigen Stichpunkt auf deiner Checkliste, an welcher Stelle du diese Ergänzung in deiner Geschichte einfügen kannst. Finde einen passenden Satz dafür und schreibe ihn in die Leerzeile in deiner Geschichte unter die entsprechende Textstelle. Wenn der neue Satz eingefügt ist, kannst du das Symbol auf der Checkliste abhaken.
- Wenn du an einer Textstelle mehr als einen Satz einfügen möchtest, schreibst du für jeden Satz eine Zahl an die entsprechende Textstelle. Für

den ersten Satz schreibst du eine 1, für den zweiten Satz daneben eine 2 usw. Die Sätze, die du einfügen möchtest, schreibst du aber nicht in die Leerzeile sondern ans Ende deiner Geschichte. Jede Zahl steht dann für einen Satz.
- Wenn du dich jetzt noch einmal richtig anstrengst, bekommst du am Ende mehr Smileys.

Tutorielle Arbeitsform

Nachdem beide Schüler ihre Geschichten individuell überarbeitet haben, tauschen sie die Geschichten und die Checklisten gegenseitig aus. Jeder Schüler schaut sich die Verbesserungen in der Geschichte des Teampartners an und prüft, ob diese zu den Eintragungen in der Checkliste passen. Passen Symbol und Verbesserungen nicht zusammen, markiert der Schüler dieses Symbol mit einem Fragezeichen. Falls die Checkliste des anderen noch unvollständig ist, werden zugehörige Symbole ebenfalls mit einem Fragezeichen gekennzeichnet. Anschließend werden fehlende oder fehlerhafte Eintragungen besprochen bis die Checkliste vollständig ausgefüllt ist. Ggf. verbessert der Verfasser bestehende Überarbeitungen im Text bzw. ergänzt passende Textstellen auf der Checkliste und in der Geschichte. Die Lehrkraft sollte hier explizit auf Regel 3 (Unterstützung geben und helfen lassen) hinweisen.

6.3.6 Selbstbewertung und Verhaltensfeedback

- Diejenigen von euch, die ihre Überarbeitung/ Partnerarbeit beendet haben, erhalten von mir ihr Balkendiagramm. Während ihr das Balkendiagramm ausfüllt, komme ich zu euch und gebe euch euer Verhaltensprotokoll. Ich sage jedem von euch, welche Regeln er schon gut beachtet hat und auf welche er noch besser achten muss.
  ○ Ich gebe dir dein Balkendiagramm. Schau dir an, auf welche W-Fragen du besonders achten wolltest. Hake die Symbole auf dem Balkendiagramm ab, für die du in deiner Geschichte eine passende Textstelle findest.
  ○ Ich gebe dir jetzt dein Smiley-Protokoll zurück. Darauf siehst du, wie gut du dich an die Regeln gehalten hast. Du hast dich schon gut an [...] gehalten, aber auf [...] musst du noch besser achten.

7 Übungsbaustein

7.1 Allgemeine Hinweise

Der Übungsbaustein umfasst insgesamt 10 Aufgaben:
- Die Aufgaben 1 bis 4 beinhalten Übungen zum Einüben der Geschichtenstruktur sowie zur Erweiterung des narrativen Wortschatzes.
- Die Aufgaben 5 + 6 umfassen Übungen zur Planung von Geschichten.
- Die Aufgaben 7 bis 10 beinhalten Übungen zur Kontrolle und Überarbeitung von Geschichten.

Bevor die Schüler die Aufgaben selbstständig bearbeiten, sollte die Lehrkraft die dafür erforderlichen Trainingsinhalte mit ihren Schüler wiederholen. Für jede Übung ist explizit aufgeführt, welche Trainingsinhalte für die Aufgabenbearbeitung vorausgesetzt werden. Zudem finden sich Querverweise auf die entsprechenden Lehrerinstruktionen im Manual. Es werden Zeiten für die Durchführung vorgeschlagen, die allerdings an die Lernvoraussetzungen der Schüler angepasst werden sollten.

Die Übungen sind so konzipiert, dass sie von den Schülern in heterogenen 2er-Teams bearbeitet werden können, wobei die Lehrkraft grundsätzlich zunächst einzelne Arbeitsschritte in einem gelenkten Unterrichtsgespräch in der gesamten Klasse erarbeitet. Die Zusammensetzung der 2-er Teams sollte in regelmäßigen Abständen verändert werden, so dass jeder Schüler im Verlauf des Trainings sowohl mit einem leistungsstärkeren als auch mit einem leistungsschwächeren Schüler zusammenarbeitet. Zur Verbesserung der Teamarbeit sollten das Verhaltenskärtchen sowie das Smiley-Protokoll, insb. mit Hinblick auf die Regel 3 („Unterstützung geben und helfen lassen") eingesetzt werden.

Für jede Übung sind Arbeitsblätter vorgesehen, die die Schüler aber erst dann erhalten sollten, wenn die Lehrkraft jeden einzelnen Arbeitsschritt detailliert erklärt und Lösungen im Dialog erarbeitet hat. Hierfür sind explizite Lehrerinstruktionen für jeden Arbeitsschritt vorgesehen. Zusätzlich sollte die Lehrkraft die Arbeitsschritte von den Schülern in eigenen Worten wiederholen lassen.

Anpassungen:
- Bei jüngeren und leistungsschwächeren Schülern kann es sinnvoll sein, wenn die Aufgaben vor der Teamarbeit zunächst individuell bearbeitet werden. Die Lehrkraft sollte zunächst prüfen, ob das grundsätzliche Lösungsvorgehen verstanden wurde.
- Dieselben Aufgaben können mit Variationen in den Arbeitsformen (Unterrichtsgespräch, kooperativ, individuell) mehrfach durchgeführt werden.
- Bei allen Übungen sollte nicht sofort „die richtige Lösung" von den Schülern erwartet werden. Wichtiger ist es, dass die Lehrkraft Denkvorgänge bei den Schülern anstößt, um potentielle Fehler zu erkennen und zu verbessern.

7.2 Übung 1 „W-Fragen suchen"

Voraussetzung:

Vorausgesetzt werden die Inhalte des Trainingsbausteins 1. Die Erlebnisgeschichten der Schüler zum Thema „Mein schönstes Ferienerlebnis" müssen vorliegen (s. Kap. 3). Die zugehörige Wiederholung wird im Trainingsbaustein 2 (s. Kap. 4) beschrieben. Die Lehrkraft sollte besonders darauf eingehen, dass eine vollständige Handlung aus mindestens 5 Handlungsschritten besteht.

Aufgabe:

Die Erlebnisgeschichten werden ausgetauscht. Jeder Schüler liest die Geschichte des anderen leise durch. Mit Hilfe des Schreibkärtchens sucht jeder Schüler Antworten auf die W-Fragen in der Geschichte des anderen Schülers. Textstellen, die eine Antwort auf eine W-Frage beinhalten, werden unterstrichen. Die passende Abkürzung der jeweiligen W-Frage wird in die Leerzeile darunter geschrieben.

Materialien und Dauer:

- Erlebnisgeschichten der Schüler (s. Kap. 3)
- Schreibkärtchen (s. Kap. 3)
- Mindestens 45 Minuten. Die Zeit muss entsprechend angepasst werden, wenn die Schüler län-

gere Zeit zur Auffrischung der W-Fragen benötigen.

- Die Schüler erhalten ihre Erlebniserzählungen und tauschen sie mit ihrem Teampartner aus. Jeder Schüler liest die Geschichte des anderen komplett leise durch.
- Die Schüler erhalten das Schreibkärtchen. Jeder Schüler liest den ersten Satz der Geschichte des Teampartners. Die Schüler schauen auf das Schreibkärtchen und entscheiden, ob es in diesem Satz eine Antwort auf eine W-Frage gibt. Jeder Schüler unterstreicht die Stelle in dem Satz, die eine Antwort auf eine W-Frage enthält und schreibt die passende Abkürzung in die Leerzeile darunter.
- Die Schüler bearbeiten alle Sätze entsprechend diesem Vorgehen. Danach tauschen die Schüler die Geschichten wieder aus. Jeder Schüler liest seine eigene Geschichte leise und überprüft die unterstrichenen Textstellen. Wenn der Schüler noch weitere Antworten auf W-Fragen in seiner Geschichte findet, markiert er zugehörige Textstellen mit einer anderen Farbe und schreibt die entsprechende Abkürzung in die Leerzeile.
- Abschließend zählt jeder Schüler aus, wie viele der 7 W-Fragen er in seiner Geschichte beantwortet hat. Verschiedene Antworten auf dieselbe W-Frage werden nur *einfach* gezählt. Die Ziffer wird unter die Geschichte geschrieben.

- Die Lehrkraft sollte demonstrieren (ggf. anhand der Geschichte „Skirennen", s. TB1), wie die fünf Handlungsschritte in einer Geschichte markiert und ausgezählt werden.
- Beim Auszählen der Antworten auf W-Fragen sollte die Lehrkraft darauf achten, dass verschiedene Antworten auf dieselbe W-Frage nur *einfach* gezählt werden.

7.3 Übung 2 „Kooperative Wortschatzübung"

Vorausgesetzt werden die Inhalte des Trainingsbausteins 1. Die zugehörige Wiederholung wird in Trainingsbaustein 2 (Kap. 4) beschrieben. Die

Übung bietet sich an, um mit den Schülern den Gebrauch abwechslungsreicher Verben zu vertiefen.

In einem gelenkten Unterrichtsgespräch ordnet die Lehrkraft sechs verschiedenen Bildmotiven die passenden Verben zunächst für „langsam vs. schnell gehen" zu. Für jedes Bildmotiv prägen sich die Schüler das passende Verb ein. In 2er-Teams erhalten die Schüler ein Arbeitsblatt mit je 6 Lückensätzen, in die die passenden Verben für „langsam vs. schnell gehen" eingesetzt werden sollen. Jeder Satz wird durch das passende Bildmotiv visualisiert. Die Sätze werden abwechselnd bearbeitet, so dass immer ein Schüler einen Satz vorliest und der andere Schüler eine Lösung einträgt. Ein und dasselbe Verb (z. B. „rennen") darf nur einmal verwendet werden. Die Übung kann mit „leise vs. laut sagen" fortgesetzt werden.

- Übung 2_Arbeitsblatt 1_Kooperative Wortschatzübung (Lehrerfolie)
- Übung 2_Arbeitsblatt 2_Kooperative Wortschatzübung
- Übung 2_Lösungsblatt_Kooperative Wortschatzübung
- 45 Minuten. Die Dauer kann je nach Umfang der Memorierübungen variieren. In einer Schulstunde sollte nur „schnell vs. langsam gehen" oder „laut vs. leise sagen" bearbeitet werden.

- Die Lehrkraft benutzt das Arbeitsblatt 1 als Lehrerfolie. Sie deckt zunächst alles ab und erarbeitet nur die Bildmotive für „langsam gehen". Anschließend werden die Verben aufgedeckt und den passenden Bildmotiven zugeordnet (vgl. Lösungsblatt). Die Lehrkraft zieht jeweils eine Verbindungslinie zwischen Verb und Bildmotiv. Anschließend bearbeitet die Lehrkraft diesem Vorgehen folgend die Bilder und Wörter für „schnell gehen".
- Die Schüler prägen sich die Wörter und die entsprechenden Bildmotive ein. Die Schüler erhalten in 2er-Teams das Arbeitsblatt 2 mit je 3 Lückensätzen für „langsam gehen" und „schnell gehen". Schüler 1 liest den ersten Lückensatz auf dem Arbeitsblatt laut vor. Gemeinsam schauen sich die Schüler das zugehörige Bild an. Schüler 2 macht einen Vorschlag, welches

Verb am besten in die Satzlücke passt. Schüler 1 schreibt dieses Verb in die Satzlücke. Wenn Schüler 2 kein Verb einfällt, versucht Schüler 1 zu unterstützen. Wenn beiden Schülern keine Lösung einfällt, setzen sie ein Fragezeichen in die Satzlücke.

- Schüler 2 liest den zweiten Lückensatz laut vor. Gemeinsam schauen sich die Schüler das zugehörige Bild an. Schüler 1 überlegt, welches Verb am besten in die Satzlücke passt. Schüler 2 schreibt das Verb in die Satzlücke. Dasselbe Verb (z. B. „schleichen") darf nicht erneut verwendet werden. Wenn Schüler 1 kein neues Verb einfällt, versucht Schüler 2 zu unterstützen. Wenn beiden Schülern keine Lösung einfällt, setzen sie ein Fragezeichen in die Satzlücke.
- Die Schüler bearbeiten die 6 Sätze. Zum Abschluss werden die Lösungen in der Klasse unter Anleitung der Lehrkraft besprochen. In der nächsten Schulstunde setzt die Lehrkraft die Übung mit „leise sagen" fort.

Hinweise für die Lehrkraft:

- Bei jüngeren oder leistungsschwächeren Schülern bietet es sich an, den Wortschatz durch vielfältige Memorierübungen (z. B. Lösungswörter nochmals abdecken und Verben für Bilder finden; Bildmotive ausschneiden und Bild-Verb-Zuordnungen wiederholen) zu festigen. Diese können auch eingesetzt werden, nachdem die Schüler das Arbeitsblatt bearbeitet haben.
- Bei älteren oder leistungsstärkeren Schülern können diese Memorierübungen gezielt für die Wörter und Wortgruppen durchgeführt werden, die den Schülern besondere Schwierigkeiten bereiten.

7.4 Übung 3 „Kooperative Kettenerzählung"

Voraussetzung:

Vorausgesetzt werden die Inhalte der Trainingsbausteine 1 und 2. Die zugehörige Wiederholung wird im Trainingsbaustein 2 (s. Kap. 4) beschrieben. Die Lehrkraft sollte insbesondere auf die Handlungsschritte eingehen.

Aufgabe:

Zu einem vorgegebenen Geschichteneinstieg erarbeiten die Schüler im Wechsel möglichst viele Handlungsschritte (Aktionen der Hauptperson), die stimmig aufeinander aufbauen. Die Schüler sollen in kurzen Sätzen beschreiben, was die Person nacheinander macht.

Materialien und Dauer:

- Übung 3_Arbeitsblatt_Kooperative Kettenerzählung (Lehrerfolie)
- Es ist kein Lösungsblatt vorgesehen, da die Schüler vielfältige eigene Ideen zur Handlung überlegen.
- 45 Minuten. In einer Schulstunde sollten 2 Geschichteneinstiege behandelt werden.

Arbeitsschritte:

- Die Lehrkraft legt das Arbeitsblatt als Folie auf und liest den ersten Geschichteneinstieg laut vor. Gemeinsam mit den Schülern erarbeitet sie einen Handlungsschritt, der beschreibt, was Peter als erstes machen könnte. Die Lehrkraft einigt sich mit den Schülern auf eine Lösung und trägt einen kurzen Satz dafür in die Leerzeile auf der Folie ein.
- In 2er-Teams erhalten die Schüler das Arbeitsblatt. Schüler 1 schreibt den ersten Handlungsschritt für Peter, auf den die Klasse sich geeinigt hat, in die erste Leerzeile auf das Arbeitsblatt. Schüler 2 überlegt, wie die Handlung weitergehen könnte und nennt einen zweiten Satz. Beide Schüler prüfen, ob der zweite Satz gut passt und verbessern ggf. Wenn sich beide geeinigt haben, schreibt Schüler 2 den zweiten Satz auf.
- Beide Schüler überlegen, wie die Handlung weitergehen könnte. Schüler 1 macht einen Vorschlag und Schüler 2 verbessert ggf. Schüler 1 schreibt den dritten Satz auf.
- Das Vorgehen wird fortgesetzt bis keine neuen Sätze mehr einfallen. Danach kann zum zweiten Handlungseinstieg übergegangen werden.
- Je nach verfügbarer Zeit können die Schüler abschließend ihre Lösungen in der Klasse vorstellen. Die Mitschüler und die Lehrkraft sagen, was gut war und was ggf. besser gemacht werden könnte.

Hinweise für die Lehrkraft:

- Die Lehrkraft sollte darauf achten, dass kurze Sätze geschrieben werden und nicht der gesamte Hauptteil (inkl. Höhepunkt) aufgeschrieben wird. Wichtig ist auch, dass die Schüler darauf hingewiesen werden, dass es primär darum geht, eine Handlung für die *jeweilige Hauptperson* zu überlegen.

- Die Übung kann durch Methoden der Zielsetzung ergänzt werden. Die Lehrkraft kann eine konkrete Anzahl von Sätzen (z. B. 6 Handlungsverben) vorgeben. Alternativ können die Schüler sich selbst eine bestimmte Anzahl vornehmen. Die Sätze sollten dann fortlaufend nummeriert und die Anzahl abschließend mit den Zielwerten verglichen werden.

7.5 Übung 4 „Spannung erzeugen"

Voraussetzung:

Vorausgesetzt werden die Inhalte der Trainingsbausteine 1 und 2. Die zugehörige Wiederholung wird im Trainingsbaustein 2 (s. Kap. 4) beschrieben. Die Lehrkraft sollte insbesondere erläutern, worauf es ankommt, um eine Geschichte möglichst spannend zu schreiben (W-Frage nach dem Höhepunkt der Geschichte).

Aufgabe:

Die Schüler überlegen Situationen, in denen sie große Angst hatten. Gemeinsam mit der Lehrkraft erarbeiten die Schüler möglichst viele passende Wörter und Wortgruppen, um zu beschreiben, wie sie sich fühlten als sie große Angst hatten. Anschließend erzählen sich die Schüler in 2er-Teams gegenseitig ihre Angstsituationen und verwenden dabei möglichst viele der Wörter und Wortgruppen, die sie zuvor erarbeitet hatten. Der zuhörende Schüler hakt auf einem Arbeitsblatt zur Kontrolle die Ausdrücke ab, die der Erzähler verwendet hat. Die Übung kann für „sich freuen" und „sehr traurig sein" fortgesetzt werden.

Materialien und Dauer:

- Übung 4_Arbeitsblatt_Spannung erzeugen
- Übung 4_Lösungsblatt_Spannung erzeugen (Lehrerfolie)
- 45 Minuten (je eine Emotion). Die Zeiten müssen entsprechend angepasst werden, wenn die Schüler längere Zeit zum Memorieren wenig vertrauter Wörter und Wortgruppen benötigen.

Arbeitsschritte:

- In 2er-Teams überlegen sich die Schüler, in welcher Situation sie schon einmal richtig große

Angst hatten, und beschreiben dem Teampartner möglichst anschaulich, was sie in dieser Situation erlebt haben, wie sie sich dabei gefühlt und was sie gedacht haben.

- Anhand der Lehrerfolie mit passenden Wörtern und Wortgruppen für das Gefühl Angst bespricht die Lehrkraft mit den Schülern, wie sie dieses Gefühl anschaulich beschreiben können. Die Schüler sollen versuchen, sich so viele Wörter und Wortgruppen wie möglich einzuprägen.
- In 2er-Teams erhalten die Schüler das Arbeitsblatt mit der Emotion „Angst". In die Leerzeilen schreiben sie abwechselnd die Wörter und Wortgruppen auf, an die sie sich erinnern können.
- Die Schüler erhalten das Lösungsblatt und lesen leise alle Wörter oder Wortgruppen, die darauf stehen, durch. Sie ergänzen Wörter oder Wortgruppen, die sie sich noch nicht gemerkt haben, auf ihrem Arbeitsblatt.
- Schüler 1 beginnt damit seine „Angstsituation" noch einmal zu erzählen. Er versucht möglichst viele Wörter und Wortgruppen zu verwenden. Schüler 2 hakt die Wörter auf dem Arbeitsblatt ab, die Schüler 1 verwendet hat. Danach wechseln die Schüler die Rollen und Schüler 2 erzählt seine Geschichte noch einmal. Schüler 1 hakt nun mit einer anderen Farbe die Wörter ab, die Schüler 2 verwendet hat.
- Die Schüler lesen sich abwechselnd die Ausdrücke auf dem Arbeitsblatt vor, die sie noch nicht abhaken konnten. Diese Wörter und Wortgruppen sollen als Lernwörter abgeschrieben und kontinuierlich wiederholt werden.

Hinweise für die Lehrkraft:

- Es sollte maximal 1 Emotion in einer Unterrichtsstunde bearbeitet werden. Die Lehrkraft kann eine Mindestzahl an Wörtern und Wortgruppen festlegen, die sich die Schüler merken sollen. Alternativ können sich die Schüler selbst Ziele setzen, wie viele Wörter sie sich merken wollen.
- Die Arbeitsschritte zum Einprägen der Wörter und Wortgruppen für eine Emotion können mehrfach wiederholt werden.

7.6 Übung 5 „Stichwortesalat"

Voraussetzung:

Vorausgesetzt werden die Inhalte der Trainingsbausteine 1 bis 3. Zur Wiederholung sollte anhand

der Folie L8 der Aufbau des Geschichtenplans erläutert werden (s. Lehrerinstruktionen Kap. 5).
Ggf. sollte die Lehrkraft anhand einiger weniger
Stichworte modellieren, wie sie den Geschichtenplan ausfüllt. Die Lehrkraft sollte dabei insbesondere auf die 5 Handlungsverben eingehen.

Aufgabe:

Die Schüler sollen in 2er-Teams 15 unsortierte
Stichworte den 7-W-Fragen-Symbolen auf dem
Geschichtenplan zuordnen. Jedes Stichwort passt
eindeutig zu einem der 7-W-Fragen-Symbole. Die
Stichworte des Geschichtenhauptteils werden
unter Anleitung der Lehrkraft gemeinsam in der
Klasse erarbeitet. Zum Abschluss bespricht die
Lehrkraft die Lösungen mit der Klasse.

Materialien und Dauer:

- Übung 5_Arbeitsblatt_Stichwortesalat
- Übung 5_Lösungsblatt_Stichwortesalat (Lehrerfolie)
- Mindestens 45 Minuten. Die Zeit variiert in Abhängigkeit davon, wie viel Zeit benötigt wird,
  um mit den Schülern die einzelnen Lösungen
  zu besprechen.

Arbeitsschritte:

- Jedes 2er-Team erhält einen Geschichtenplan
  mit 15 unsortierten Stichworten und jeder Schüler liest sich die Stichworte komplett leise durch.
- Die Schüler überlegen gemeinsam, welche
  Stichworte an den Anfang und welche ans Ende
  einer Geschichte gehören. Ein Schüler aus
  jedem Team schreibt ein A hinter die entsprechenden Stichworte und ein Schüler schreibt
  ein E hinter die Stichworte.
- Die Schüler beginnen mit dem Geschichtenanfang und ordnen die Stichworte den W-Fragen-
  Symbolen auf dem Geschichtenplan zu. Die
  Schüler überlegen als erstes gemeinsam, welches Stichwort zum ersten W-Fragen-Symbol
  (Person) passt. Schüler 1 trägt das passende
  Stichwort mit Bleistift in die Leerzeile neben
  der Hauptperson ein und streicht die zugehörige Nummer in der Stichworteliste durch.
- Die Schüler überlegen gemeinsam, welche
  Wortgruppe zum zweiten W-Fragen-Symbol
  (Ziel) passt. Schüler 2 trägt die Stichworte in
  die Leerzeile neben das passende Symbol ein
  und streicht die zugehörige Nummer in der
  Stichworteliste durch.

- Die Schüler setzen dieses Vorgehen für den Geschichtenanfang (Zeit, Ort) und für das Ende
  fort. Anschließend bespricht die Lehrkraft die
  Lösungen anhand der Folie. Die Schüler ergänzen bzw. korrigieren abwechselnd die Stichworte auf ihrem Geschichtenplan.
- Die Lehrkraft erarbeitet im Unterrichtsgespräch
  die Stichworte für den Geschichtenhauptteil.
  Sie beginnt mit den Handlungsschritten und er-
  innert die Schüler daran, dass sie sich eine sinn-
  volle Reihenfolge der Handlungsschritte überlegen müssen. Anschließend tragen die Schüler
  in 2er-Teams die Handlungsschritte in einer für
  sie stimmigen Reihenfolge ein. Danach bespricht die Lehrkraft, welche Stichpunkte den
  Höhepunkt der Geschichte markieren. Anschließend tragen die Schüler die zugehörigen Stichworte ein.
- Zum Abschluss bespricht die Lehrkraft die Lösungen mit den Schülern in der Klasse (vgl.
  Lehrerfolie). Mit Hinblick auf den Hauptteil
  gibt es verschiedene Lösungsmöglichkeiten.
  Alternativ können die Schüler das Lösungsblatt
  in 2er-Teams erhalten und ihre Antworten damit
  abgleichen.

Hinweise für die Lehrkraft:

- Die Lehrkraft sollte darauf achten, dass den einzelnen W-Fragen nacheinander die Stichworte
  zugeordnet werden. Es ist ratsam, dass die
  Schüler die Lösungen mit Bleistift in die Leerzeilen eintragen, damit Fehler anschließend
  korrigiert werden können.
- Für die Reihenfolge der Handlungsverben und
  die Zuordnung der Stichworte zum Höhepunkt
  gibt es mehrere korrekte Lösungsmöglichkeiten.

7.7 Übung 6 „Kooperatives Planen"

Voraussetzung:

Vorausgesetzt werden die Inhalte der Trainingsbausteine 1 bis 3. Zur Wiederholung sollte anhand
der Folie L8 der Aufbau des Geschichtenplans erläutert werden (s. Kap. 5). Die Lehrkraft sollte genauer auf die Anforderungen beim Schreiben von
Reizwortgeschichten eingehen.

Aufgabe:

Die Schüler sollen gemeinsam eine Geschichte zu
3 Reizwörtern planen. Hierfür setzen sie den Geschichtenplan ein.

Materialien:

- Übung 6_Arbeitsblatt_Kooperatives Planen
- 45 Minuten.

Arbeitsschritte:

- Alle Schüler schließen die Augen und stellen sich etwas zu den Wörtern „Paula, schwimmen, plötzliches Gewitter" vor.
- Alle Schüler öffnen ihre Augen wieder und besprechen mit ihrem Nachbarn, was sie sich vorgestellt haben.
- Die Lehrkraft bespricht mit den Schülern, welche W-Fragen mit den Stichworten beantwortet wurden. Anschließend arbeiten die Schüler in 2er-Teams.
- Jeder Schüler erhält das Arbeitsblatt mit dem Geschichtenplan, auf dem die Reizworte den entsprechenden W-Fragen-Symbolen bereits zugeordnet sind. Die Schüler tauschen in 2er-Teams Ideen darüber aus (ca. 5 Minuten), wie diese Geschichte beginnen könnte. Anschließend schreibt jeder Schüler für die Dauer von ca. fünf Minuten seine eigenen Stichworte für den Geschichtenanfang auf seinen Geschichtenplan. Zur Kontrolle kann die Lehrkraft in einem kurzen Blitzlicht Stichpunkte für den Geschichtenanfang erfragen.
- Die Schüler tauschen Ideen darüber aus (ca. 5 Minuten), was die Hauptperson in ihrer Geschichte nacheinander tut. Sie überlegen sich, was die spannendste Stelle in ihrer Geschichte ist. Anschließend trägt jeder Schüler die Stichworte für Handlungsschritte und Höhepunkt in seinen eigenen Geschichtenplan ein (ca. 10 Minuten).
- Zur Kontrolle kann die Lehrkraft in einem kurzen Blitzlicht Stichpunkte für den Geschichtenhauptteil erfragen.
- Für die Dauer von ca. fünf Minuten tauschen die Schüler Ideen darüber aus wie ihre Geschichte ausgehen könnte. Jeder Schüler trägt entsprechende Stichworte in seinen eigenen Geschichtenplan ein (ca. 5 Minuten).
- Schüler, die den Geschichtenplan komplett ausgefüllt haben, beginnen mit der Verschriftlichung. Schüler, die einzelne Arbeitsschritte nicht in der vorgesehenen Zeit fertiggestellt haben, vervollständigen ihren Geschichtenplan.

Hinweise für die Lehrkraft:

- Die Lehrkraft sollte sicherstellen, dass auch die Schüler, die für einen Arbeitsschritt mehr Zeit benötigen, letztlich dennoch zum nächsten Arbeitsschritt übergehen.

7.8 Übung 7 „Gedankensprünge"

Voraussetzung:

Vorausgesetzt werden die Inhalte des Trainingsbausteins 4 (s. Kap. 6). Die Lehrkraft sollte eingangs mit den Schülern besprechen, was grundsätzlich unter einem „Gedankensprung" oder „Handlungsbruch" zu verstehen ist.

Aufgabe:

Die Schüler erhalten ein Arbeitsblatt mit einem Geschichtenhauptteil. Sie sollen abwechselnd Satz für Satz lesen und entscheiden, ob der Satz gut zu dem vorhergehenden Satz passt. Passen 2 Sätze nicht gut zueinander, wird nach dem ersten der beiden Sätze ein Fragezeichen gesetzt. Das Fragezeichen markiert, dass zwischen dem ersten und zweiten Satz ein Handlungsbruch oder Gedankensprung im Text enthalten ist. Nachdem alle Sätze so bearbeitet wurden, überlegen die Schüler gemeinsam, wie bestehende Gedankensprünge korrigiert werden können.

Materialien:

- Übung 7_Arbeitsblatt_Gedankensprünge
- Übung 7_Lösungsblatt_Gedankensprünge
- 45 Minuten (ein Geschichtenhauptteil).

Arbeitsschritte:

- Die Lehrkraft erläutert, was unter einem Gedankensprung zu verstehen ist und demonstriert das Auffinden eines Gedankensprungs anhand des zweiten Geschichtenhauptteils (s. Übung 7_Arbeitsblatt_Gedankensprünge S. 2).
- Jedes 2er-Team erhält das Arbeitsblatt mit dem ersten Geschichtenhauptteil. Jeder Schüler liest die zugehörigen Sätze leise durch.
- Schüler 1 liest die ersten beiden Sätze laut vor. Schüler 2 entscheidet, ob Satz 2 gut zu Satz 1

passt. Wenn Satz 2 gut zum ersten Satz passt, setzt Schüler 2 mit dem dritten Satz fort. Wenn Satz 2 nicht gut zum ersten Satz passt, setzt Schüler 1 ein Fragezeichen nach dem ersten Satz.

- Schüler 2 liest den dritten Satz und Schüler 1 entscheidet, ob er gut zum zweiten Satz passt. Wenn Satz 3 gut zum zweiten Satz passt, setzt Schüler 1 mit dem vierten Satz fort. Schüler 2 setzt ein Fragezeichen hinter Satz 2, wenn Satz 3 nicht gut zu Satz 2 passt.
- Die Schüler setzen dieses Vorgehen für alle Sätze fort. Die Lehrkraft bespricht mit allen Schülern, an welchen Stellen Gedankensprünge in der Geschichte vorkommen (s. Lösungsblatt).
- Die Lehrkraft führt ein gelenktes Unterrichtsgespräch und überlegt gemeinsam mit den Schülern, wie die bestehenden Handlungsbrüche (Fragezeichen) korrigiert werden können (s. Lösungsblatt). Dazu bespricht sie für jeden Satz mit Fragezeichen, was nach diesem Satz alles passiert sein könnte, damit der nachfolgende Satz besser passt. Es sollten mindestens 3 Sätze pro Gedankensprung ergänzt werden.
- In 2er-Teams ergänzen die Schüler auf ihrem Arbeitsblatt abwechselnd mindestens 3 fehlende Sätze.

Hinweise für die Lehrkraft:

- Das Lösungsblatt ist nur zur Orientierung für die Lehrkraft vorgesehen. Die vorgeschlagenen Sätze auf dem Lösungsblatt können durch eigene Ideen der Schüler ergänzt werden.
- In jeder Geschichte entspricht die Zahl der Fragezeichen, die unterhalb der Geschichte aufgeführt sind, der Anzahl vorgesehener Gedankensprünge. Die Lehrkraft kann den Schülern diese Information als Hilfestellung geben.

7.9 Übung 8 „Textkontrolle"

Voraussetzungen:

Vorausgesetzt werden die Inhalte des Trainingsbausteins 4 (s. Kap. 6). Die Lehrkraft sollte insb. die Anwendung der Checkliste zur Kontrolle einer Geschichte demonstrieren. Hierfür sollte die zugehörige Lehrerinstruktion aus dem Trainingsbaustein 4 (s. Kap. 6) verwendet werden.

Aufgabe:

Die Schüler kontrollieren gemeinsam die Geschichte „Die Nachtwanderung" und verwenden dafür die Checkliste. Die Sätze werden abwechselnd laut vorgelesen und jeweils mit Hinblick darauf geprüft, ob Antworten auf W-Fragen enthalten sind. Textstellen, die eine Antwort auf eine W-Frage enthalten, werden gekennzeichnet und in die Checkliste eingetragen. Wenn eine W-Frage vollständig beantwortet wurde, wird das zugehörige Kästchen auf der Checkliste abgehakt.

Materialien:

- Übung 8_Arbeitsblatt 1_Textkontrolle
- Übung 8_Arbeitsblatt 2_Textkontrolle
- Übung 8_Lösungsblatt_Textkontrolle (Lehrerfolie)
- Mindestens 45 Minuten (ggf. länger, wenn ausführliche Diskussion zur Korrektur nötig ist)

Arbeitsschritte:

- Jedes 2er-Team erhält das Arbeitsblatt 1 mit der Geschichte „Die Nachtwanderung" sowie das Arbeitsblatt 2 mit der Checkliste. Die Schüler lesen die Geschichte komplett leise durch.
- Schüler 1 liest den ersten Satz laut vor. Wenn er eine Antwort auf eine W-Frage findet, unterstreicht er die entsprechende Textstelle im Satz. Schüler 2 schreibt die Textstelle in den passenden Kasten auf der Checkliste und hakt das entsprechende Kästchen ab, wenn die W-Frage vollständig beantwortet wurde.
- Schüler 2 liest den zweiten Satz laut vor. Wenn er eine Antwort auf eine W-Frage findet, unterstreicht er die entsprechende Textstelle im Satz. Schüler 1 schreibt die Textstelle in den passenden Kasten auf der Checkliste und hakt das entsprechende Kästchen ab, wenn die W-Frage vollständig beantwortet wurde.
- Beide Schüler kontrollieren die 10 Sätze entsprechend diesem Vorgehen.
- Die Lehrkraft bespricht die Lösungen in der gesamten Klasse anhand des Lösungsblatts (Lehrerfolie). Schrittweise erarbeitet sie mit den Schülern im Unterrichtsgespräch die Lösungen nacheinander für jedes Symbol.

- Wenn dieselbe Antwort auf eine W-Frage mehrfach im Text vorkommt (z. B. Tina = Person), sollte diese nur einmal in die Checkliste eintragen werden. Satz 6 kann ggf. auch als Handlungsschritt gewertet werden.
- Die Lehrkraft benötigt das Lösungsblatt als Lehrerfolie, um die Lösungen in der Klasse zu besprechen. Bei älteren oder leistungsstärkeren Schülern kann das Lösungsblatt auch zur selbstständigen Kontrolle in den 2er-Teams eingesetzt werden.

7.10 Übung 9 „Sätze ergänzen"

Die Inhalte des Trainingsbausteins 4 werden vorausgesetzt (s. Kap. 6). Diese Übung baut auf Übung 8 auf, kann aber auch unabhängig davon ausschließlich zur Wiederholung der Überarbeitungsschritte durchgeführt werden.

Jeder Schüler erhält das Arbeitsblatt 1 mit der Geschichte „Die Nachtwanderung". Für jeden fehlenden Haken auf der ausgefüllten Checkliste (Folie Arbeitsblatt 2) überlegen die Schüler zunächst gemeinsam, welche Einfügungen und Verbesserungen sie an der Geschichte Nachtwanderung (s. Übung 8) vornehmen könnten. Die Lehrkraft bespricht mit den Schülern, welche Verbesserungen sich für fehlende Haken eignen und demonstriert, wie die Stichworte in die Checkliste eingetragen und als Sätze in die Geschichte eingefügt werden können. Schließlich trägt jeder Schüler individuell passende Ideen/ Stichworte zur Verbesserung der Geschichte in die Checkliste ein und fügt diese Verbesserungen sodann in die entsprechende Leerzeile in die Geschichte ein.

- Übung 9_Arbeitsblatt 1_Sätze ergänzen
- Übung 9_Arbeitsblatt 2_Sätze ergänzen (Lehrerfolie)
- ca. 45 Minuten

- Jeder Schüler erhält das Arbeitsblatt 1 mit der Geschichte „Die Nachtwanderung" und liest die Geschichte darauf leise durch.
- Die Lehrkraft legt das Arbeitsblatt 2 mit der ausgefüllten Checkliste als Folie auf und erarbeitet in einem gelenkten Unterrichtsgespräch gemeinsam mit den Schülern mögliche Ergänzungen für den ersten fehlenden Haken (Person). Die Schüler überlegen passende Eigenschaften für die Hauptperson und die Lehrkraft ergänzt besonders gut passende Stichworte in einer anderen Farbe auf der Checkliste.
- Gemeinsam mit den Schülern erarbeitet die Lehrkraft Ergänzungen für die Handlungsschritte und den Höhepunkt.
- Wenn die Checkliste komplett ausgefüllt ist, überlegen die Schüler, an welcher Stelle in der Geschichte sie die „neuen" Stichworte einfügen könnten und formulieren passende Sätze dafür. Die Lehrkraft hört einige Vorschläge an und korrigiert ggf. Jeder Schüler schreibt sodann einen Satz für die Eigenschaften der Hauptperson in die entsprechenden Leerzeilen auf seinem Arbeitsblatt. Die Lehrkraft hakt das Kästchen für die Hauptperson auf der Checkliste (Folie Arbeitsblatt 2) ab.
- Bevor die Schüler mit dem Einfügen der Sätze für Handlung und Höhepunkt beginnen, erläutert die Lehrkraft, wie die Schüler vorgehen können, wenn sie mehrere Sätze an einer Satzstelle ergänzen wollen und der Platz in den vorgesehenen Leerzeilen nicht ausreicht. [Für jeden Satz, der ergänzt werden soll, wird eine Zahl vergeben, die an der entsprechenden Satzstelle notiert wird. Die zugehörigen Sätze, inkl. der Zahlen werden an das Ende der Geschichte geschrieben.] Die Lehrkraft sollte zudem darauf hinweisen, dass der Höhepunkt sowohl nach Satz 6 als auch nach den Sätzen 7/8 ausgearbeitet werden kann.
- Nachdem jeder Schüler die Verbesserungen an seiner Geschichte vorgenommen hat, tauschen die Schüler die Geschichten in den 2er-Teams gegenseitig aus. Jeder Schüler erklärt dem anderen Schüler nacheinander, welche Einfügungen er im Text gemacht hat. Die Schüler geben sich gegenseitig Rückmeldung darüber, welche Verbesserungen sie gut und welche sie weniger gelungen fanden.

Hinweise für die Lehrkraft:

- Die Schüler können alternativ zum gelenkten Unterrichtsgespräch auch individuell arbeiten und würden in diesem Fall das Arbeitsblatt 2 mit der ausgefüllten Checkliste erhalten.
- Ältere oder leistungsstärkere Schüler können alternativ zum gelenkten Unterrichtsgespräch auch in Kleingruppen von 4 bis 6 Schülern zusammenarbeiten und entsprechend dem beschriebenen Vorgehen Verbesserungen an der Geschichte „Die Nachtwanderung" vornehmen.

7.11 Übung 10 „Textkontrolle und Sätze ergänzen"

Voraussetzungen:

Die Inhalte des Trainingsbausteins 4 werden vorausgesetzt. Die Übungen 8 und 9 sollten erfolgreich durchgeführt worden sein.

Aufgabe:

Die Schüler erhalten in 2er-Teams das Arbeitsblatt 1 mit der Geschichte von Tim und Katja. Die Schüler lesen abwechselnd satzweise und unterstreichen die Antworten auf die W-Fragen. Die Schüler erhalten das Arbeitsblatt 2 mit der Checkliste und füllen diese für die Geschichte von Tim und Katja aus. Auf dem Arbeitsblatt 1 sind 10 Stichworte zur Verbesserung vorgesehen. Die Lehrkraft leitet die Schüler darin an, diese Stichworte den passenden Symbolen auf der Checkliste zuzuordnen und erarbeitet mit den Schülern, an welcher Stelle in der Geschichte diese Verbesserungen eingefügt werden können. Die Schüler tragen in 2er-Teams abwechselnd passende Sätze in die Leerzeilen auf dem Arbeitsblatt 1 ein.

Materialien:

- Übung 10_Arbeitsblatt 1_Textkontrolle und Sätze ergänzen
- Übung 10_Arbeitsblatt 2_Textkontrolle und Sätze ergänzen
- Übung 10_Lösungsblatt 1_Textkontrolle und Sätze ergänzen (Lehrerfolie)

- Übung 10_Lösungsblatt 2_Textkontrolle und Sätze ergänzen (Lehrerfolie)
- Mindestens 90 Minuten

Arbeitsschritte:

- Jedes 2er-Team erhält das Arbeitsblatt 1 mit der Geschichte von Tim und Katja sowie das Arbeitsblatt 2 mit der Checkliste. Beide Schüler lesen die Geschichte komplett leise durch.
- Schüler 1 liest den ersten Satz laut vor. Wenn er eine Antwort auf eine W-Frage findet, unterstreicht er die entsprechende Textstelle im Satz. Schüler 2 schreibt die Textstelle in den passenden Kasten auf der Checkliste und hakt das entsprechende Kästchen ab, wenn die W-Frage vollständig beantwortet wurde.
- Schüler 2 liest den zweiten Satz laut vor. Wenn er eine Antwort auf eine W-Frage findet, unterstreicht er die entsprechende Textstelle im Satz. Schüler 1 schreibt die Textstelle in den passenden Kasten auf der Checkliste und hakt das entsprechende Kästchen ab, wenn die W-Frage vollständig beantwortet wurde.
- Beide Schüler kontrollieren die 4 Sätze entsprechend diesem Vorgehen.
- Die Lehrkraft bespricht, welche Symbole auf der Checkliste abgehakt werden konnten. Sie benutzt das Lösungsblatt 1 als Folie. Nur die W-Frage für das Ziel konnte abgehakt werden, da nur diese W-Frage vollständig beantwortet wurde. Die Schüler vergleichen und korrigieren ggf. in den 2er-Teams ihre Antworten.
- Die Schüler lesen die 10 Stichworte, die als Verbesserungen auf dem Arbeitsblatt 1 vorgesehen sind, leise durch. Die Lehrkraft erarbeitet im gelenkten Unterrichtsgespräch mit den Schülern, welche Verbesserungen in den Anfang und welche ans Ende der Geschichte passen. Die Schüler schreiben hinter die Stichworte des Anfangs ein „A" und für die Stichworte des Endes ein „E".
- Gemeinsam mit den Schülern überlegt die Lehrkraft, welche der Verbesserungen, die für den Anfang vorgesehen sind, am besten für die Person passt (vgl. Lösungsblatt 2 „sehr guter Schwimmer"). Wenn ein passendes Stichwort gefunden wurde, schreiben die Lehrkraft und die Schüler das Stichwort in einer anderen Farbe auf die Checkliste (Nr. 10).

- Anschließend werden entsprechend diesem Vorgehen die Stichworte für die Zeit und den Ort sowie die Stichworte für das Ende zugeordnet.
- Nachdem so die Verbesserungen für den Anfang und das Ende auf der Checkliste ergänzt wurden, bespricht die Lehrkraft die verbliebenen Verbesserungsvorschläge. Sie erarbeitet mit den Schülern zunächst eine Reihenfolge für die Handlungsschritte. Anschließend tragen die Lehrkraft und die Schüler zugehörige Verben auf der Checkliste ein. Zuletzt ordnet die Lehrkraft mit den Schülern die Stichworte für den Höhepunkt auf der Checkliste zu und Lehrkraft und Schüler tragen die entsprechenden Sätze auf der Checkliste ein.
- Wenn die Checkliste vollständig ausgefüllt ist, suchen die Schüler passende Textstellen in der Geschichte, um die Stichworte für den Anfang und das Ende einzufügen und formulieren jeweils Sätze dafür. Die Lehrkraft hört mehrere Vorschläge an und korrigiert ggf. Jeweils ein Schüler aus jedem 2er-Team schreibt schließlich einen passenden Satz in die entsprechende Leerzeile auf dem Arbeitsblatt 1. Die Lehrkraft und die Schüler haken das zugehörige Kästchen auf der Checkliste ab.
- Sodann suchen die Schüler passende Textstellen für Handlung und Höhepunkt in der Geschichte, um die zugehörigen Stichworte einzufügen und formulieren Sätze dafür. Die Lehrkraft bespricht in der Klasse einige Handlungsschritte mit den Schülern und prüft sodann gemeinsam, ob die jeweilige Handlung auch zum Anfang passt. Die Lehrkraft weist darauf hin, dass die Ergänzungen für den Geschichtenanfang die Handlung nicht vorweg nehmen dürfen. Falsch wäre zum Beispiel, wenn ein Schüler am Anfang schreibt, dass sich Tim und Katja im neu gebauten Freibad treffen und erst danach (im Hauptteil) beschreibt, dass Tim und Katja ihre Schwimmsachen zusammenpacken.
- In jedem Team schreiben die beiden Schüler jeweils abwechselnd einen Satz für die Handlung in ihre Geschichte. Ebenso ergänzen die Schüler abwechselnd Sätze für den Höhepunkt der Geschichte. [Wenn der Platz in den vorgesehenen Leerzeilen nicht ausreicht, werden die Satzstellen, an denen die Sätze eingefügt werden sollen, durch Zahlen gekennzeichnet. Die einzufügenden Sätze werden ans Ende der Geschichte geschrieben.] Die Lehrkraft und die Schüler haken die entsprechenden Kästchen auf der Checkliste ab.

Hinweise für die Lehrkraft:

- Die Arbeitsschritte müssen nicht notwendigerweise als zusammenhängender Block umgesetzt werden. Die Übung kann beispielsweise nach dem Ausfüllen der Checkliste unterbrochen und zu einem späteren Zeitpunkt fortgesetzt werden.
- Bei leistungsstärkeren Schülern kann das Einfügen der Verbesserungen (passende Textstellen finden, Sätze generieren) auch in kooperativen Arbeitsformen (2er-Teams oder 4 bis 6 Schüler) erprobt werden. Ggf. können zusätzlich zu den 10 vorgeschlagenen Verbesserungen weitere Vorschläge generiert werden.

8 Wirksamkeitsprüfung

Sowohl Gruppenuntersuchungen als auch Einzelfallstudien belegen, dass Programme zur Förderung der Schreibkompetenz, die sich an dem hier vorgestellten Manual orientierten, Schreibleistungen von Schülerinnen und Schülern am Ende der Grundschulzeit sowie in der Sekundarstufe I (Förderschule) verbessern. Insbesondere für Schüler, die Schwierigkeiten haben, über einen längeren Zeitraum konzentriert an einer Aufgabe zu arbeiten, haben sich vor allem die Maßnahmen zur Verbesserung des Arbeitsverhaltens (operante Methoden der Verhaltensmodifikation), die wir in das vorliegende Programm eingebunden haben, bewährt. Bei Schülern, die gravierende Lern- und Verhaltensschwierigkeiten aufweisen, sollte das Programm im Förderunterricht als Einzel- oder Kleingruppentraining durchgeführt werden.

Die empirischen Arbeiten, die wir hierzu durchführten, sollen im Folgenden genauer vorgestellt werden. Da sich die Studien in wesentlichen methodischen Merkmalen ähneln, werden wir diesbezügliche Angaben nur für die beiden Studien, die wir im regulären Grundschulunterricht (vgl. 8.1) umsetzten, genauer berichten und in den folgenden Abschnitten eine knappe Darstellung der jeweiligen Publikation (Glaser, Palm & Brunstein, 2010, 2012, eingereichtes Manuskript) geben.

8.1 Gruppenuntersuchungen – Reguläre Schulklassen

8.1.1 Fragestellung und Design

Wir führten zwei empirische Studien (vgl. Glaser et al., 2010, 2012) durch, in denen wir die Effekte eines Schreibprogramms mit integriertem Verstärkersystem bei Schülern der vierten Klasse untersuchten. Wir wollten zeigen, dass operante Methoden zur Verhaltensmodifikation einen spezifischen Beitrag zur Verbesserung der Schreibleistung von Schülern leisten. Darüber hinaus sollte der Nachweis erbracht werden, dass Schüler mit Verhaltensauffälligkeiten besonders von einer Schreibförderung profitieren würden, die auch Maßnahmen zur Verbesserung des Arbeitsverhaltens beinhaltet. Daher verglichen wir in beiden Studien Schüler, die (a) ein Schreibprogramm mit integriertem Verstärkersystem (weitestgehend

mit dem vorliegenden Programm vergleichbar) durchliefen mit (b) Schülern, die ein Schreibprogramm ohne Verstärkersystem erhielten. Zudem schätzten die Lehrkräfte das Problemverhalten der Schüler ihrer Klasse ein (s. u.). Alle Klassen wurden über einen Zeitraum von fünf Wochen (1 Doppelstunde pro Woche) unterrichtet. Das Training wurde im Rahmen des regulären Deutschunterrichts von geschulten Lerntrainerinnen im Klassenverband durchgeführt.

8.1.2 Erfassung des Problemverhaltens

Vor Beginn der Schreibintervention schätzten die Lehrkräfte der teilnehmenden Schulklassen das Problemverhalten ihrer Schüler mittels des „Strengths and Difficulties Questionnaire" (SDQ; Goodman, 1997; deutsche Fassung: Klasen, Woerner, Rothenberger und Goodman, 2003) ein. Dieser Fragebogen enthält u. a. Aussagen zu Verhaltensproblemen (z. B. „hat oft Wutanfälle, ist aufbrausend") und Hyperaktivität (z. B. „unruhig, überaktiv, kann nicht lange stillsitzen"), die von den Lehrkräften für jeden Schüler auf 3-stufigen Skalen beurteilt wurden (0 = überhaupt nicht zutreffend, 1 = teilweise zutreffend, 2 = eindeutig zutreffend). Aus diesen Einschätzungen wurde für jeden Schüler der Summenwert gebildet und mit einem vorgegebenen Grenzwert verglichen, der festlegt, wie hoch der Summenwert eines Schülers mindestens sein muss, um diesen Schüler als „verhaltensauffällig" zu bezeichnen. Nach diesem Vorgehen identifizierten wir insgesamt 42 aggressiv-hyperkinetische Schüler (von insgesamt 159 untersuchten Schülern).

8.1.3 Untersuchungsbedingungen

In den Studien wurden jeweils ein Schreibprogramm mit integriertem Verstärkersystem und ein Schreibprogramm ohne Verstärkersystem umgesetzt. Die Inhalte des Schreibprogramms mit Verstärkersystem entsprachen im Wesentlichen denen des vorliegenden Manuals. Im Einzelnen lassen sich die umgesetzten Programminhalte wie folgt beschreiben:

a) Das Schreibprogramm beinhaltete eine Strategie zum Schreiben narrativer Texte, die in Kombination mit selbstregulatorischen Prozeduren

(Zielsetzung, Selbstüberwachung, Selbstbewertung und Selbstkorrektur) vermittelt wurden. Die Schüler übten die sogenannte A-H-A (Anfang, Hauptteil, Abschluss) und 7-W-Fragen-Strategie zum Schreiben von Geschichten ein. Die Strategie sollte den Schülern dabei helfen, die grundsätzliche Struktur und die wesentlichen Inhalte einer Geschichte (Person, Ziel, Zeit, Ort, Handlungsschritte, Höhepunkt, Ende) bereits vor dem Schreiben zu bedenken und ihre Texte mit Hinblick auf diese Kriterien zu überprüfen. Darüber hinaus wurden die Schüler darin angeleitet, stilistische Mittel zur sprachlichen Ausgestaltung ihrer Geschichten einzusetzen. Schließlich erlernten sie Prozeduren, um sich beim Schreiben selbst zu prüfen, ob sie die Hilfsmittel und Strategien korrekt einsetzten, und ggf. Korrekturen vorzunehmen. Darüber hinaus übten die Schüler Techniken zum Setzen schreibbezogener Ziele ein und lernten sich selbst zu bewerten, ob sie ihre Vornahmen erreicht hatten.

b) Die Verstärkerkomponente beinhaltete Verhaltensregeln, die mit den Schülern vereinbart wurden und ihnen dabei helfen sollten, konzentriert und ausdauernd an ihren Texten zu arbeiten („Schreibzeit effektiv nutzen"; „Hilfsmittel richtig nutzen") sowie bei kooperativen Aufgaben den Partner zu unterstützen und selbst Hilfe anzunehmen („Unterstützung geben und helfen lassen"). Am Ende jeder Trainingssitzung wurden die Schüler mit maximal 6 Smileys belohnt, wenn es ihnen gelungen war, die vereinbarten Regeln einzuhalten. Die Smileys wurden über alle Sitzungen summiert und konnten nach Trainingsende von den Schülern gegen eine Belohnung eingetauscht werden.

8.1.4 Erfassung des Trainingserfolgs

Schreibleistung. In Testsitzungen, die vor und nach dem Training (Prä- bzw. Posttest) durchgeführt wurden, verfassten die Schüler eine Geschichte zu vorgegebenen Reizwortgruppen. Zwei unabhängige und trainierte Beurteilerinnen schätzten die narrative Struktur und die sprachlich-rhetorischen Merkmale der Schülergeschichten auf einer 6-stufigen Skala ein. Aufsätze, in denen Sätze ohne Zusammenhang aneinandergereiht wurden und nur ein basaler Wortschatz verwendet worden war, wurden mit 1 Punkt bewertet. Für eine sprachlich voll entfaltete und in sich kohärente Geschichte wurden 6 Punkte vergeben. Als Referenzmaßstab wurden Beispielaufsätze niedriger, mittlerer und hoher Qualität vorgelegt.

Arbeitsverhalten. Darüber hinaus beobachteten zwei geschulte Studierende vor und während des Trainings das Arbeitsverhalten jedes Schülers. Die Beobachter gaben für jeden Schüler ein Urteil ab, ob er das erwartete anforderungskonforme Verhalten (z. B. Zeit nutzen, Hilfsmittel verwenden) „selten", „manchmal" oder „häufig" in der jeweiligen Trainingssitzung gezeigt hatte.

8.1.5 Ergebnisse

In beiden Studien konnten wir zeigen, dass sich das Schreibprogramm sowohl für unauffällige als auch für aggressiv-hyperkinetische Schüler als effektiv erwies.

Im Einzelnen lassen sich die Ergebnisse wie folgt zusammenfassen:

1. Alle Schüler, die das Schreibprogramm mit integriertem Verstärkersystem durchliefen, schrieben nach dem Training bessere Geschichten und zeigten während der Trainingssitzungen mehr anforderungskonformes Verhalten als vor dem Training. Wie in Abbildung 9 zu sehen ist, profitierten Schüler mit aggressiv-hyperkinetischem Problemverhalten besonders von der Schreibintervention, wenn sie während des Trainings für regelkonformes Verhalten belohnt wurden. Verhaltensauffällige Schüler, die eine Schreibintervention durchliefen ohne explizit für anforderungskonformes Arbeitsverhalten unterstützt zu werden, zeigten hingegen weniger deutliche Verbesserungen in ihren Schreibleistungen. Ähnlich fielen die Befunde für das Arbeitsverhalten aus.

2. Je mehr anforderungskonformes Verhalten die Schüler im Training zeigten, desto bessere Geschichten schrieben sie zum Posttest. Der positive Effekt, den die zusätzliche Verstärkung anforderungskonformen Verhaltens auf die Schreibleistung erzielte, wurde über das Arbeitsverhalten vermittelt. Demnach führte die Verstärkung des Arbeitsverhaltens bei auffälligen Schülern dazu, dass sie in den Trainingssitzungen aufmerksamer und konzentrierter waren. Dies wiederum bewirkte die Verbesserung in der Schreibleistung nach dem Training.

3. Die Lehrkräfte schätzten Durchführbarkeit (z. B. „Wie gut schätzen Sie die Durchführbarkeit im Hinblick auf die zeitliche Unterrichtsplanung ein?"), Nutzen (z. B. „Wie hoch schätzen Sie

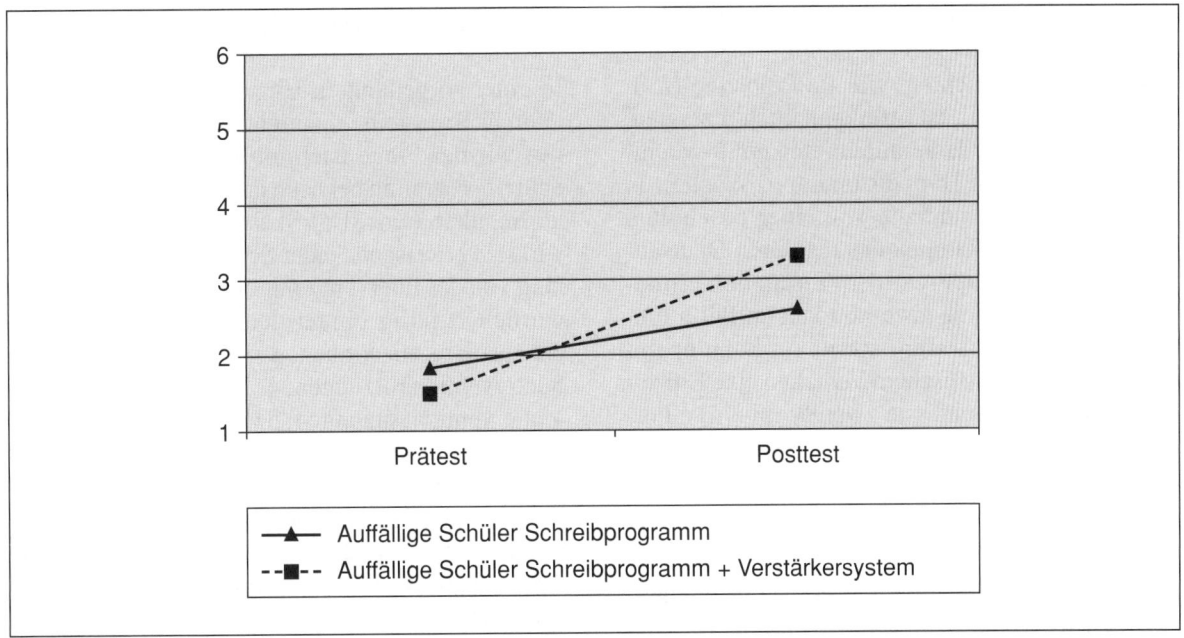

Abbildung 9: Schreibleistung auffälliger Schüler vor und nach dem Training

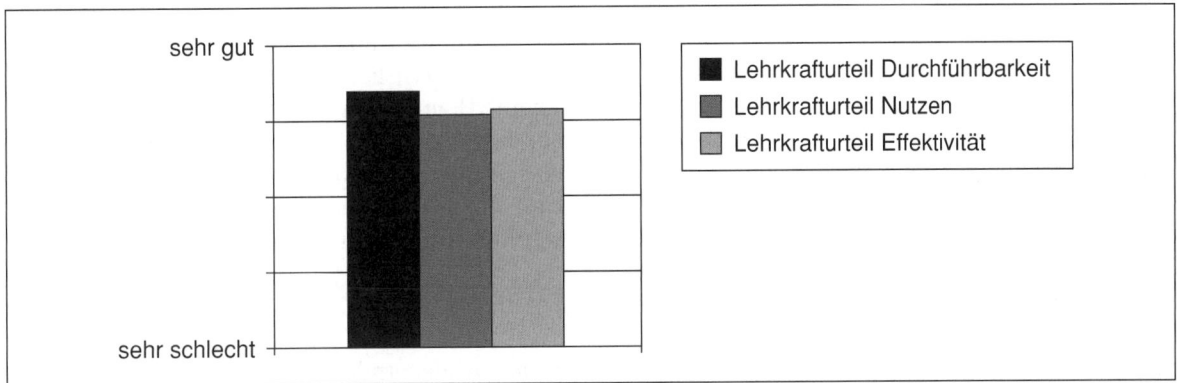

Abbildung 10: Bewertung des Schreibprogramms durch die Lehrkräfte

den Nutzen im Hinblick auf die Schreibfertigkeiten ein?") und Effektivität (z. B. „Wie hoch schätzen Sie die Effektivität der Übungen ein?") des Schreibprogramms als sehr hoch ein (siehe Abbildung 10). Die Schüler berichteten nach der Intervention, dass ihnen das Training Spaß gemacht hat, und sie schätzten zudem die Trainingsinhalte als angemessen schwierig ein. Darüber hinaus gaben die Schüler an, dass sie mit ihren Lernfortschritten sehr zufrieden waren.

8.2 Gruppenuntersuchungen – Förderschulklassen

Um zu prüfen, ob sich das vorliegende Schreibprogramm auch in Förderschulklassen erfolgreich implementieren lässt, setzten wir wesentliche Inhalte des Manuals in einer fünften Klasse (10 Schüler) einer Förderschule mit dem Schwerpunkt Sprachheilförderung um. Nach dem oben beschriebenen Vorgehen schätzte die Lehrkraft 3 Schüler dieser

Klasse als aggressiv bzw. aggressiv-hyperkinetisch ein. Darüber hinaus gab die Lehrkraft an, dass 3 weitere Schüler auch emotionale Probleme (z. B. „hat viele Sorgen", „ist oft unglücklich") zeigten. Alle Schüler der Klasse durchliefen ein 5-wöchiges Training (eine Doppelstunde pro Woche), in dem die Programminhalte von einer geschulten Lerntrainerin im Rahmen des regulären Deutschunterrichts vermittelt wurden. Zusätzlich erhielten zwei Schüler, die als emotional auffällig eingeschätzt worden waren, sowie ein Schüler mit aggressiv-hyperkinetischem Verhalten eine Einzelförderung. Diese umfasste zwei 90-minütige Förderstunden, in denen Aufgaben aus dem Übungsbaustein des vorliegenden Schreibprogramms umgesetzt wurden.

Vor und nach dem Training (Prä- und Posttest) sowie sechs Wochen nach dem Posttest verfassten die Schüler zu vorgegebenen Bildstimuli eine Geschichte ohne dass sie dabei unterstützt wurden oder ihnen Hilfsmittel zur Verfügung gestellt wurden. Darüber hinaus wurde in den Schreibphasen während der Test- und Trainingssitzungen das Arbeitsverhalten (On-Task-Verhalten) der Schüler von zwei geschulten Beobachterinnen eingeschätzt.

Die Ergebnisse zeigten, dass sowohl verhaltensauffällige Schüler als auch Schüler ohne Problemverhalten zum Posttest und auch sechs Wochen später bessere Geschichten schrieben als vor dem Training. Außerdem wiesen die Schüler nach Beginn der Intervention in den Schreibphasen mehr Konzentration und Ausdauer auf als zum Prätest. Als Vergleich testeten wir die Schüler der Parallelklasse jeweils vor und nach dem Training. Die Schüler erhielten während der Trainingszeit regulären Deutschunterricht. Ähnliche Verbesserungen wie wir sie für die Trainingskinder beobachtet hatten, ergaben sich für die Schüler der Vergleichsklasse nicht.

8.3 Einzelförderung

In einer so genannten Einzelfallanalyse (Glaser, Palm & Brunstein, eingereichtes Manuskript) gingen wir der Frage nach, ob sich das vorliegende Schreibprogramm bei neun aufmerksamkeitsgestörten Schülern (s. o. SDQ-Skala „Hyperaktivität") als wirksam erweist und jeder Schüler im gleichen Umfang von der Intervention profitiert. Je drei Schüler wurden zufällig einem der folgenden Untersuchungspläne zugeordnet: 3 Grundratensitzungen + 5 Interventionssitzungen; 4 Grundratensitzungen + 4 Interventionssitzungen; 5 Grundratensitzungen + 3 Interventionssitzungen. Zudem wurden zwei Nachmessungen durchgeführt. Während der Grundratenmessung sowie zu den Nachtestungen verfassten die Schüler individuell eine Geschichte ohne dass sie dabei von der Lerntrainerin unterstützt wurden oder ihnen Hilfsmittel zur Verfügung gestellt wurden. Die Einzelförderung (Intervention) basierte im Wesentlichen auf den Inhalten des vorliegenden Manuals.

Zu jedem Messzeitpunkt wurde das On-Task-Verhalten beobachtet (s. o.) und die Qualität der Geschichtenelemente in den Aufsätzen ermittelt, die die Schüler zu einer Bildvorlage (Strichzeichnung) verfasst hatten. Dazu bewertete eine geschulte Beurteilerin alle Schülertexte im Hinblick auf die inhaltliche Vollständigkeit und sprachliche Ausgestaltung der sieben Strukturelemente narrativer Texte (Person, Ziel, Zeit, Ort, Handlungsschritte, Höhepunkt, Ende).

Die individuellen Lernverläufe zeigten, dass die Schüler unmittelbar nach dem Einsetzen des Treatments ausdauernder und konzentrierter an ihren Aufsätzen arbeiteten als während der Grundratenphase. Darüber hinaus verbesserte sich relativ zu den Grundratenmessungen auch die Qualität der Bildergeschichten kontinuierlich im Trainingsverlauf. Diese Zugewinne blieben zu den beiden Nachtestungen weitgehend stabil.

Literatur

Augst, G., Disselhoff, K., Henrich, A., Pohl, T. & Völzing, P.-L. (2007). *Text-Sorten-Kompetenz: Eine echte Longitudinalstudie zur Entwicklung der Textkompetenz im Grundschulalter*. Frankfurt: Lang.

Barrish, H. H., Saunders, M. & Wolf, M. M. (1969). Good Behavior Game: Effects of individual contingencies for group consequences on disruptive behavior in a classroom. *Journal of Applied Behavior Analysis, 2,* 119–124.

Baurmann, J. & Pohl, T. (2010). Schreiben – Texte verfassen. In A. Bremerich-Vos, D. Granzer, U. Behrens & O. Köller (Hrsg.), *Bildungsstandards für die Grundschule: Deutsch konkret* (2. Auflage, S. 75–103). Berlin: Cornelsen.

Bradshaw, C. P., Zmuda, J. H., Kellam, S. G. & Ialongo, N. S. (2009). Longitudinal impact of two universal preventive interventions in first grade on educational outcomes in high school. *Journal of Educational Psychology, 101,* 926–937.

Bremerich-Vos, A., Granzer, D., Behrens, U. & Köller, O. (Hrsg.) (2010). *Bildungsstandards für die Grundschule: Deutsch konkret* (2. Auflage). Berlin: Cornelsen Verlag.

Brunstein, J. C. & Glaser, C. (2011). Testing a path-analytic mediation model of how self-regulated writing strategies improve fourth graders' composition skills: A randomized controlled trial. *Journal of Educational Psychology, 103,* 922–938.

Cutler, L. & Graham, S. (2008). Primary grade writing instruction: A national survey. *Journal of Educational Psychology, 100,* 907–919.

Gilbert, J. & Graham, S. (2010). Teaching writing to elementary students in grades 4–6: A national survey. *The elementary School Journal, 110,* 494–518.

Glaser, C. (2005). *Förderung der Schreibkompetenz bei Grundschülern: Effekte einer integrierten Vermittlung kognitiver Schreibstrategien und selbstregulatorischer Fertigkeiten.* Potsdam, Univ., Diss., 2005.

Glaser, C. & Brunstein, J. C. (2007a). Förderung von Fertigkeiten zur Überarbeitung narrativer Texte bei Schülern der 6. Klasse: Effekte von Revisionsstrategien und selbstregulatorischen Prozeduren. *Zeitschrift für Pädagogische Psychologie, 21,* 51–63.

Glaser, C. & Brunstein, J. C. (2007b). Improving fourth-grade students' composition skills: Effects of strategy instruction and self-regulation procedures. *Journal of Educational Psychology, 99,* 297–310.

Glaser, C. & Brunstein, J. C. (2008). Förderung selbstregulierten Schreibens. In W. Schneider & M. Hasselhorn (Hrsg.), *Handbuch der Pädagogischen Psychologie* (S. 371–380). Göttingen: Hogrefe.

Glaser, C., Keßler, C. & Brunstein, J. C. (2009). Förderung selbstregulierten Schreibens bei Viertklässlern. Effekte auf strategiebezogene, holistische und subjektive Maße der Schreibkompetenz. *Zeitschrift für Pädagogische Psychologie, 23,* 5–18.

Glaser, C., Keßler, C. & Palm, D. (2011). *Aufsatztraining für 5. bis 7. Klassen. Ein Manual für Lehrkräfte mit Unterrichtsmaterialien.* Göttingen: Hogrefe.

Glaser, C., Keßler, C., Palm, D. & Brunstein, J. C. (2010). Förderung der Schreibkompetenz bei Viertklässlern. Spezifische und gemeinsame Effekte prozess- und ergebnisbezogener Prozeduren der Selbstregulation auf Indikatoren der Schreibleistung, Strategiebeherrschung und Selbstbewertung. *Zeitschrift für Pädagogische Psychologie, 24,* 177–190.

Glaser, C., Palm, D. & Brunstein, J. C. (2010). Förderung der Verhaltenssteuerung beim Schreiben: Differenzielle Effekte auf Indikatoren der Schreibleistung und des Arbeitsverhaltens bei Viertklässlern mit auffälligem vs. unauffälligem Unterrichtsverhalten. *Empirische Sonderpädagogik, 4,* 4–24.

Glaser, C., Palm, D. & Brunstein, J. C. (2012). Schreibstrategieinstruktion bei Viertklässlern mit und ohne Problemverhalten: Effekte von Selbstüberwachung und operanter Verstärkung auf Schreibleistung und Arbeitsverhalten. *Zeitschrift für Pädagogische Psychologie, 26,* 19–30.

Glaser, C., Palm, D. & Brunstein, J. C. (eingereichtes Manuskript). Förderung der Schreibleistung und des Arbeitsverhaltens bei aufmerksamkeitsgestörten Grundschülern: Eine multiple Grundratenstudie über neun Viertklässler. *Kindheit und Entwicklung.*

Goodman, R. (1997). Strengths and Difficulties Questionnaire: A research note. *Journal of Child Psychology and Psychiatry, 38,* 581–586.

Graham, S. (2006a). Strategy instruction and the teaching of writing: A meta-analysis. In C. MacArthur, S. Graham & J. Fitzgerald (Eds.), *Handbook of writing research* (pp. 187–207). New York: Guilford Press.

Graham, S. (2006b). Writing. In P. Alexander & P. Winne (Eds.), *Handbook of educational psychology* (2nd ed., pp. 457–478). Mahwah, NJ: Erlbaum.

Graham, S. & Harris, K. R. (2000). The role of self-regulation and transcription skills in writing and writing development. *Educational Psychologist, 35,* 3–12.

Graham, S. & Harris, K. R. (2003). Students with learning disabilities and the process of writing: A meta-analysis of SRSD studies. In H. L. Swanson, K. R. Harris & S. Graham (Eds.), *Handbook of learning disabilities* (pp. 323–244). New York: Guilford.

Graham, S., Harris, K. R. & Zito, J. (2005). Promoting internal and external validity: A synergism of laboratory-like experiments and classroom-based self-regulated strategy development research. In G. D. Phye, D. H. Robinson, & J. R. Levin (Eds.), *Empirical methods for evaluating educational interventions* (pp. 235–265). San Diego, CA: Elsevier Academic Press.

Graham, S., McKeown, D., Kiuhare, S. & Harris, K. R. (2012). A meta-analysis of writing instruction for students in the elementary grades. *Journal of Educational Psychology, 104,* 879–896.

Graham, S. & Perin, D. (2007). A meta-analysis of writing instruction for adolescent students. *Journal of Educational Psychology, 99,* 445–476.

Harris, K. R., Graham, S., Mason, L. & Friedlander, B. (2008). *Powerful writing strategies for all students.* Baltimore: Brookes.

Klasen, H., Woerner, W., Rothenberger, A. & Goodman, R. (2003). Die deutsche Fassung des Strengths and Difficulties Questionnaire (SDQ-Deu) – Übersicht und Bewertung erster Validierungs- und Normierungsbefunde. *Praxis der Kinderpsychologie und Kinderpsychiatrie, 52,* 491–502.

Lane, K. L., Harris, K., Graham, S., Weisenbach, J., Brindle, M. & Morphy, P. (2008). The effects of self-regulated strategy development on the writing performance of second grade students with behavioral and writing difficulties. *Journal of Special Education, 41,* 234–253.

Persky, H. R., Daane, M. C. & Jin, Y. (2003). *The Nation's Report Card: Writing 2002* (NCES 2003–529). Washington, DC: U. S. Department of Education. Institute of Education Sciences. National Center for Education Statistics.

Philipp, M. (2012). *Besser lesen und schreiben. Wie Schüler effektiver mit Sachtexten umgehen lernen.* Stuttgart: Kohlhammer.

Rogers, L. A. & Graham, S. (2008). A meta-analysis of single subject design writing intervention research. *Journal of Educational Psychology, 100,* 879 –906.

Sekretariat der Ständigen Konferenz der Kultusminister der Länder in der Bundesrepublik Deutschland. (2005). *Beschlüsse der Kultusministerkonferenz. Bildungsstandards im Fach Deutsch für den Primarbereich.* München: Wolters Kluwer.

Stein, N. L. & Glenn, C. G. (1979). An analysis of story comprehension in elementary school children. In R. O. Freedle (Ed.), *Advances in discourse processes: New directions in discourse processing* (Vol. 2, pp. 53–120). Norwood, NJ: Ablex.

Anhang

A.1 Übersicht Lehrer- und Schülermaterialien Trainingsbausteine

Trainings-bausteine (TB)	Materialien	
	Lehrermaterialien (L)	**Schülermaterialien (S)**
TB I	– L1 Folie Fragebogen zum Schreiben – L2 Folie Verhaltensregeln – L3 Folie Smiley-Protokoll – L4 Folie Beispielgeschichte Skirennen – L5 Folie A-H-A 7-W-Fragen – L6 Beispielgeschichte Skirennen + Markierungen	– S1 Fragebogen zum Schreiben – S2 Verhaltenskärtchen – S3 Schreibkärtchen – S4 Smiley-Protokoll
TB II	– L3 Folie Smiley-Protokoll – L5 Folie A-H-A 7-W-Fragen – L6 Folie Beispielgeschichte Skirennen + Markierungen – L7 Folie Balkendiagramm	– S2 Verhaltenskärtchen – S3 Schreibkärtchen – S4 Smiley-Protokoll – S5 Balkendiagramm – S6 Fantasiebild
TB III	– L7 Folie Balkendiagramm – L8 Folie Geschichtenplan	– S2 Verhaltenskärtchen – S3 Schreibkärtchen – S4 Smiley-Protokoll – S5 Balkendiagramm – S7 Geschichtenplan inkl. Reizwörter
TB IV	– L7 Folie Balkendiagramm – L9 Folie Checkliste – L10 Ausgefüllte Checkliste – L11 Folie Gekürzte Beispielgeschichte Skirennen + Markierungen	– S2 Verhaltenskärtchen – S3 Schreibkärtchen – S4 Smiley-Protokoll – S5 Balkendiagramm – S8 Gekürzte Beispielgeschichte Skirennen + Markierungen – S9 Ausgefüllte Checkliste – S10 Geschichtenplan – S11 Fantasiebild – S12 Checkliste

A.2 Übersicht Lehrer- und Schülermaterialien Übungsbaustein

Übungs-baustein	Materialien	
	Lehrermaterialien	**Schülermaterialien**
Übung 1		– Erlebnisgeschichten der Schüler – S3 Schreibkärtchen
Übung 2	– Übung 2_Arbeitsblatt 1_Kooperative Wortschatzübung – Übung 2_Lösungsblatt_Kooperative Wortschatzübung	– Übung 2_Arbeitsblatt 2_Kooperative Wortschatzübung
Übung 3	– Übung 3_Arbeitsblatt_Kooperative Kettenerzählung	– Übung 3_Arbeitsblatt_Kooperative Kettenerzählung
Übung 4	– Übung 4_Lösungsblatt_Spannung erzeugen	– Übung 4_Arbeitsblatt_Spannung erzeugen
Übung 5	– Übung 5_Lösungsblatt_Stichwortesalat	– Übung 5_Arbeitsblatt_Stichwortesalat
Übung 6		– Übung 6_Arbeitsblatt_Kooperatives Planen
Übung 7	– Übung 7_Arbeitsblatt_Gedankensprünge – Übung 7_Lösungsblatt_Gedankensprünge	– Übung 7_Arbeitsblatt_Gedankensprünge
Übung 8	– Übung 8_Lösungsblatt_Textkontrolle	– Übung 8_Arbeitsblatt 1_Textkontrolle – Übung 8_Arbeitsblatt 2_Textkontrolle
Übung 9	– Übung 9_Arbeitsblatt 2_Sätze ergänzen	– Übung 9_Arbeitsblatt 1_Sätze ergänzen
Übung 10	– Übung 10_Lösungsblatt 1_Textkontrolle und Sätze ergänzen – Übung 10_Lösungsblatt 2_Textkontrolle und Sätze ergänzen	– Übung 10_Arbeitsblatt 1_Textkontrolle und Sätze ergänzen – Übung 10_Arbeitsblatt 2_Textkontrolle und Sätze ergänzen

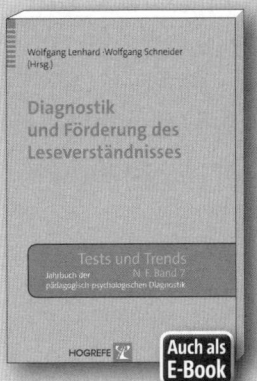